闇の支配者に握り潰された世界を救う技術

【未来編】

元『フォーブス』アジア太平洋支局長
ベンジャミン・フルフォード
Benjamin Fulford

Secret Technology That Could Save The World

イースト・プレス

闇の支配者に握り潰された世界を救う技術〈未来編〉

はじめに

あの技術の「解禁」で、私たちの未来はどう変わるのか？

テクノロジーは「封印」されている。

この考えは私のちょっとした疑問から始まっている。

子どもだったとき、私は『宇宙家族ジェットソン』というアニメが大好きだった。

ハンナ・バーベラが一九六二年にファーストシーズンをプロデュースしたこの作品では、一〇〇年後の未来、二〇六二年を舞台にジェットソン一家がユートピアのような未来社会でドタバタ喜劇を演じていた。

徹底的にポジティブな未来がそこにあった。

現実とは違って携帯電話もパソコンもインターネットも描かれていなかったけれども、ジェットソン一家が暮らす未来はきっと来るだろうと子どもたちはみんな信じた。

あれからおよそ五〇年。

ジェットソン一家に出てくるガジェットで一番人気があったのは空飛ぶ車だった。今も中高年は、想像していた二一世紀と今があまりに違うという意味で、こういう。

「車が空を飛ばないじゃないか！　透明なチューブを列車が走らないじゃないか！」

透明なチューブを走る列車は、ＪＲ東海《とうかい》のリニアモーターが実現しそうだ。透明なチューブではなく、地上走行部分がトンネルと防音カバーに覆われるからだ。

まだ計画段階なので、実際にどうなるかはわからないが、そうした施設の一部の壁をハイビジョンモニターで覆って、トンネルの外の富士山《ふじさん》をリアルタイムで見えるようにするプランがあるそうだ。ある意味では透明チューブだ。

電気自動車で有名なテスラを率いるイーロン・マスクは、「ハイパーループ」という次世代の運輸手段を発表している。これこそまさにＳＦで描かれた真空列車そのもの。チューブの中の空気を抜き、空気抵抗を減らして、アルミニウムと炭素繊維でできた全長九メートルのポッド（筒状の車両）を超高速の電気推進システムで加速する。実験では、およそ五秒で時速三一〇キロメートルに達したという。

減圧システムの維持（標高六〇〇〇メートル相当まで気圧を下げるという）や建設費用、飛行機や列車と対抗できるだけの低価格の実現など、実用化までのハードルはまだまだ多い。しかし、気がつけば、意外に未来は近づいてきている。

では、空飛ぶ車は？

空飛ぶ車はとっくにできていると聞くとどうだろう？

ジェットソン一家に出てくる空飛ぶ車は、一九五四年にフォードが試作した「FX-Atmos」から発想されている。球状のガラスの風防ガラス、ダッシュボードにはレーダースクリーン、ジェット機のような尾翼がついている。

この未来的な車は残念なことに空を飛べなかったが、Terrafugia社は本当に空を飛ぶ車をつくった。二〇一〇年、空を飛んだ「The Transition」は自動車のボディーに折り畳み式の主翼とプロペラがついた、道路を走るセスナ機といった見た目の乗り物だ。時速一六〇キロメートルで飛び、航続距離は六四〇キロメートル。曲がりなりにも空飛ぶ自動車は完成したことになる。

そして次世代の「The TF-X」こそが、私たちが夢見た空飛ぶ自動車だ。アメリカ軍の輸送機オスプレイのようなプロペラつきの可変翼を持ち、垂直上昇し、コンピュータ制御により安全に降下する。

中国ではドローンの技術を応用した一人乗り用のドローン「EHANG184」（なんと操作はスマートフォンで目的地を入力後、全自動で行うという）を開発、予定販売価格は二〇万〜三〇万ドル（約二三〇〇〜三四〇〇万円）になるそうだ。

日本でも経済産業省の主導で、トヨタ自動車やNECなど国内メーカーを中心に、空飛ぶ自動車の開発がスタートした。インフラ整備とロードマップの策定、法整備への提言などが話し合われており、外資からはボーイング社やウーバー社なども参加する。

製品化の目標は二〇二三年。二〇〇〇万円程度での販売を予定している。オリンピックのときには、有人か無人かは別として、プロトタイプがお披露目《ひろめ》されるという。

ようやくという思いとともに、なぜ、なぜ今？　という気がする。

なぜなら、もっとはるか前から自動車は空を飛んでいたのだから。

一九五四年、つまり「FX-Atmos」が発表された年、Taylor Aerocar 社が事実上、世界初の商用飛行自動車「N-101D」を発売しているからだ。

N-101D は二人乗りで、時速一〇〇キロメートルで飛行し、自動車のようにハンドルで（！）操縦した。羽根は自動車部分でコンテナを牽引《けんいん》、飛行の際には車体に主翼と尾翼を取りつける必要があった。

不格好ではあったものの、技術的には五〇年以上前から空飛ぶ自動車はあったのだ。

運用上の問題（組み立てはたしかに面倒だろう）や価格（一二五万ドル、当時のレート換算では約四億円という法外な価格だった）、市場のニーズなど普及に至らなかった理由を挙げることはできる。

しかし、それにしても五〇年だ。基礎技術があったにもかかわらず、五〇年間、誰も空飛ぶ自動車を商品化できなかった？　それとも商品化しなかったのだろうか？

本著は、過去に封印された技術を紹介する『闇の支配者に握り潰された世界を救う技術』、封印によって現代の世界で何が起こっているかを解説した『闇の支配者に握り潰された世界を救う技術〈現代編〉』に続く三部作の第三弾である。

エネルギーから宇宙論、医療、金融まで、これからの未来につながる新しい科学技術にどのようなものがあり、それが私たちの未来をどう変えていくのか、その科学技術を誰が封印し、私たちから未来を奪っているのかを、取材をもとに明らかにする。

アメリカ独立宣言を起草したトーマス・ジェファーソン大統領は、一八〇七年に初めて、アメリカでイエール大学の科学者二名が隕石《いんせき》の落下を報告したときに、なんといったか？

「空から石が落ちてきたことを信じるより、学者二人がウソつきだと信じますよ」

聡明な人物として知られるジェファーソンでさえ、これである。

ましてや一般市民は、科学の真実を目の前にしても、その意味がわからない。権力者はそこを突く。

いつの時代も、科学技術は権力者によって隠蔽されてきた。封印されてきた技術を、まずは知ることが、自由への第一歩となるのだ。

闇の支配者に握り潰された世界を救う技術〈未来編〉　目次

第1章　封印されたテクノロジーの「その後」を追う

第2章
隠蔽された技術から読み解く「もうひとつの世界」

第3章
「どこでもドア」の実現に立ちはだかる壁

第4章 「人工知能」に奪われた未来を取り戻せ

第5章 「死」が治療可能な病気の一種になる日

第6章 「金融工学」で世界経済は豊かになるのか

本書のデータは、とくに断りがない限り、二〇一八年九月二八日現在のものです。

装丁　重原隆
挿画　蔵野春生
ＤＴＰ　臼田彩穂
執筆協力　久野友萬
編集協力　株式会社 清談社

第1章

封印されたテクノロジーの「その後」を追う

最新テクノロジーを監視し続ける「闇の支配者」

私は、闇の勢力による世界連邦政府構想や金融マフィアの金融工学を駆使した人類の資産の不正な強奪を調べるうちに、彼らがテクノロジーの進展を見逃すはずがないと考えるようになった。

蛍光灯の特許に関する有名な話がある。

一九二六年にドイツのエトムント・ゲルマーが蛍光灯を発明、その特許を一九三四年にアメリカのゼネラル・エレクトリック社が買い取る。そして一九三七年から蛍光灯の量産が始まるのだが、特許購入から発売までの三年間、ゼネラル・エレクトリック社は、すぐにも販売可能だったにもかかわらず、白熱電球の設備投資が減価償却されるまで抑えていたといわれている。

蛍光灯に限らない。私が若いころ、旅先で電機メーカーの元エンジニアに会った。彼は会社を辞めたばかりだった。冷蔵庫の「壊れるドア」を研究させせられ、いやになったのだといった。壊れるドア？　時限爆弾のように、数年後に必ず壊れるドアをつくっていたのだ。逆にいえば、本来は壊れないわけだ。わざと壊して買い換えさせる。そういう製品を、私たちは買わされている。

法律の範囲内であれば、公になった情報でも、メーカーの都合で工業化、製品化を止めることができるのだ。もちろん政府レベルならもっとあからさまな妨害ができる。研究費を交付しないとかプロジェクトから外すといったいやがらせから、実用化を認可しないといったことまで、さまざまな形で新技術の実用化を阻む。

私は科学技術には今よりもっと素晴らしい可能性があると考えている。本当ならジェットソン一家の二一世紀に私たちは暮らしているはずなのだ。

私たちが思っていたような未来と本物の二一世紀はあまりに違う。技術の進歩は想像していたよりずっとスローであり、根本的なところで骨抜きになっている気がしてならない。

蛍光灯の商品化を止めたゼネラル・エレクトリック社のような存在が、私たちが恩恵を受けるはずの技術の進歩を抑えているのではないかと疑っているのだ。金融資産を奪われたように、技術の進歩、人類の未来もまた闇の勢力に奪われている。

根拠がないわけではない。

闇の勢力について取材するうちに、彼らと敵対する勢力とコンタクトする機会があったからだ。彼らは私に、すでにさまざまな技術、南極を緑化して食糧危機を回避し、石油を使わずに電気エネルギーを無尽蔵に供給できる発電システムはあるのだといった。

本当なのか？

アメリカの研究機関にはさまざまな形で軍事予算が組み込まれている。軍事的に利用価値のある研究に予算をつけるのは当たり前として、学者を引き抜いたり、学会発表をやめさせたりする工作は日常的に行われている。

そうした研究の中には、私たちがまだ発明されていないと信じ込まされている研究や、世界の本当の姿に関する考察がないと、誰がいえるだろう。

現在の科学界では、論文が『ネイチャー』や『サイエンス』といった有名誌に掲載されることが世の中に認められる大きなポイントになっている。しかし、その選定のプロセスを操作することは可能だ。選定者は編集部員であり、誌面に協力する科学者だ。あくまで民間企業であり、まったくバイアスがかからないとは考えにくいのだ。

ニコラ・テスラという交流電流や無線通信を発明した天才がいた。アメリカの電気自動車メーカー、テスラの社名の由来となったエンジニアである。

生前、トーマス・エジソンとの確執（直流電流による発電を進めていたエジソンと対立する）もあり、世間からはある種のマッド・サイエンティストとして扱われていた。とくにJ・P・モルガンの資金協力を受けた、彼が世界システムと呼ぶ、送電線を使わずに電磁波で電気を送るシステムが頓挫したことで、生活にも困窮する。そのタイミングで第一次世界大戦が始まってしまったことも影響し、スポンサーに見限られてしまうのだ。

生前、テスラは地球の定常波（物質の中を振動している波）を発見したと発表、そこからエネルギーを取り出せると主張していた。もし地球自体が持つ定常波を電気エネルギーに変換できるなら事実上、無限のエネルギーを人間は手にしたことになる。石油も核燃料も不要になるのだ。

さらに地球の定常波と波長が違う電磁波を地面に放射することで地球の振動を大きくすることが可能だといった。つまり地震兵器だ。ビーム兵器の基本技術や超長距離無線通信など、二一世紀になってやっと実用化しつつある次世代の技術を、一〇〇年前にテスラは発見していた。

その先見性を軍事利用するため死後、彼の部屋にあった論文や研究資料はＦＢＩ（連邦捜査局）が押収。現在でもそのごく一部しか公開されていない。

ニコラ・テスラ（1856－1943）

そして地球から無限のエネルギーを取り出す夢の技術は、地震兵器や気象兵器として、ＨＡＡＲＰ（高周波活性オーロラ調査プログラム）の名前で実用化された。

テスラが予言した電磁波の縦波、スカラー波に関する新しい電磁場方程式をテスラ自身が発見していた可能性は高く、スカラー波を使えば地球上のどの場所にでも高エネルギーを送り込むことができる。

理論上、スカラー波は物質の干渉を受けないからだ。

大げさなロケットで核ミサイルを軌道上に打ち上げなくても、衛星測地システムでターゲットの座標さえわかれば、そこに高エネルギーのスカラー波を集束させて超高温のプラズマを発生させられる。エネルギーのサイズに応じて都市を丸ごと焼き尽くすこともできれば、個人を暗殺することもできる。極小のプラズマを心臓の内部で発生させれば、心臓麻痺《まひ》を起こして人は死んでしまう。

スカラー波を電離層に向ければ、気象兵器にもなるといわれる。

HAARPは最高機密の軍事兵器として、いまだにその全貌は明らかにされていない。表向きの役目は高周波活性オーロラ調査プログラムであり、電離層と通信の関係の正確なデータを取ることとされているが、電離層に強力な高周波を与えて不安定化させると地震を誘発できるとする識者もいる。

いわゆる地震雲が、地震が起きる前兆として表れるのではなく、地震雲によって電離層が不安定化することで地震が誘発されるという考えだ。

HAARPがテスラのスカラー波に基づいた兵器であるなら、これは犯罪だ。

HAARPが実在するなら、アメリカ政府は人類へのギフトであるテスラの発明を軍事技術にのみ使い、事実上のフリーエネルギーである地球からの電力供給システム技術を封印していることになる。石油資本を守るためなのか、軍事的な優位のためなのかはわからない。しかし、その結果、本来なら止められるはずの、資源をめぐって至るところで起きている戦争を看過している。

ニコラ・テスラの発明のように、国家のベールに隠された技術は数多くあると考えられる。

封印が解かれ始めた「フリーエネルギー」

一方で、封印されていた技術が、少しずつ流れ出している。たとえば石油に代わる代替エネルギーだ。インドと中国での太陽電池生産は大きく伸びているし、風力発電やバイオエタノールも一般化している。日本は水素エネルギー社会を掲げ、世界に先駆けた水素燃料電池車の市販化に踏み出した。

その究極がフリーエネルギー。テスラの地球エネルギーや、ＥＭＡモーターの名前で知られる出力が入力を上回る発電装置だ。

以前から既存のエネルギー産業が、フリーエネルギー技術が表に出ないように情報を抑えているという噂《うわさ》はあった。

私のところにそうしたフリーエネルギーマシンの話がよく持ち込まれる。話は面白い。だが、実際に動くフリーエネルギーマシンを私は見たことがない。本当は簡単な話だ。フリーエネルギーが本当なら、その機械を貸してくれればいい。その機械に家電をつなぎ、動いたならメーカーでもどこにでも売り込みに行こうと思う。でも誰も貸してくれない。

ネットで話題になったフリーエネルギーマシンの代表にケシュ財団がある。イラン人物理学者のM・T・ケシュが創設したケシュ財団は、マグラブ・コイルというフリーエネルギーマシンをつくり、設計図を公表、市販もしている（スターターキットは一台二四九ユーロ、約三万三〇〇〇円）。

ところが、ケシュ財団の公開情報に基づいて、台湾の友人がフリーエネルギーマシンをつくったのだが、動かない！ M・T・ケシュにイギリス諜報《ちょうほう》機関MI6（秘密情報部）とバチカンは会いに行ったが、話ばかりでフリーエネルギーマシンの実物はなかったらしい。

フリーエネルギーという名前ばかりが先行し、実物がないのだ。

しかし、フリーエネルギーが存在すれば、世界地図が書き換わる。私たちの生活は石油に縛られているといっても言いすぎではない。金本位制ならぬ石油本位制が今の経済であり、石油の売買の過程で私たちの富は搾取され、食料や日用品の不足が意図的に生み出される。フリーエネルギーが実用化すれば、そうした搾取はなくなり、物価は劇的に下がるだろう。一気に生活水準は向上する。

本物のフリーエネルギーマシンはきっとどこかにあるはずだと私は期待する。それこそが世界を救う鍵なのだから。

海水から燃料をつくりだす〝夢の発明〟

もし海水から石油を生み出すことができれば？　海がすべて石油に変わったら？　神話のミダス王は、触れるものすべてをゴールドに変えたとされるが、まさにそれは錬金術。現代において、石油はゴールドよりはるかにパワーがある。私たちの生活は一変するだろう。

そんな夢のような技術を生み出したのは、アメリカ軍である。

二〇一四年四月一四日、アメリカ海軍のＮＲＬ（U.S. Naval Research Laboratory、アメリカ海軍研究所）は海水から石油の代替燃料を開発することに成功したと発表した。

石油は基本的に炭素と水素の化合物であるため、理屈上、炭素と水素さえあれば合成できないはずはない。しかし、理屈でできても、実際にそれを行うことに成功した例は今までなかった。果たして、どのようにしてアメリカ軍はそんな人並み外れた技術を開発できたのか？

同研究所のプレスリリースによると、研究が始まったのはおよそ一五年前。アフガニスタン紛争でインド洋に自衛隊の補給艦が出向き、アメリカ軍艦船に燃料等の補給を行っていたことを覚えているだろうか。憲法の制約があり、自衛隊は護衛艦を出すことができなかったが、燃料補給も十分に危険な任務だった。燃料補給は数時間に及び、その間、洋上を移動しながら作業は行われるが、作戦中の燃料補給は、防御が手薄になる瞬間である。タンカーの有無に作戦が左右されるのだ。できれば燃料補給を行いたくないというのが軍の本音だろう。

軍艦は莫大《ばくだい》な量の燃料を必要とする。アメリカ海軍の展開可能な二七三の艦艇のうち、原子力を使っている船は一部の空母と潜水艦のみであり、ほとんどは石油燃料を使用している。公海上の艦隊を維持するには、タンカー一五隻によって六億ガロン＝約一三六億リットルを運搬し、燃料補給を続けなくてはならない。

仮に船のエンジンを原子力エンジンに交換したとしても、戦闘機はそうはいかない。原子力電池で飛ぶ飛行機は研究されているが、撃墜された場合の環境負荷を考えると現実的ではない。だから艦船への石油燃料補給がなくなることはありえないのだが、海水が燃料に変われば話は変わる。

今回、アメリカ軍が開発した燃料はジェット戦闘機用のＪＰ－５と呼ばれる燃料と同じもので、すでに模型でのフライトには成功している。今後はプラントの小型化を進め、将来は艦艇内で燃料の製造を可能にする。洋上にある限り、燃料補給が不要になるのだ。

問題は製造コストだが、量産された場合の見込み数値では、一ガロンあたり三～六ドル。二〇一一年のJP-5の価格は一ガロン三ドル五一セントだった。代替輸送や貯蔵コストの削減も考慮すれば、海水燃料は燃料として十分に成立する。当初、アメリカ政府はコスト面から研究に反対したそうだが、この予想通りなら問題はないだろう。

海軍司令官のレイ・メビウスによれば、二〇二〇年までに石油燃料の五〇%を代替燃料に切り替えることを目標にしており、藻《も》由来やアブラナ由来の燃料も候補として研究している。最終的には、目的別に何種類かの燃料が混合されて使われることになるだろう。

水素が未来のエネルギーの主役になる

海水や水からエネルギーを取り出す話は発明家が定期的に出してくる話題だ。あのドクター・中松《なかまつ》こと中松義郎《よしろう》もエネレックスという動力装置を発明している。正式には電子加熱固体高分子電解質水電解エネルギー装置といい、高分子膜を利用した燃料電池の一種だ。

海水や水を電気分解して水素を取り出し、電気をつくるというと、何かしら胡散《うさん》臭い感じがつきまとう。しかし、これは夢物語ではなく現実に進んでいるビジネスだ。

日本初の技術として注目されているマグネシウム燃料電池もそのひとつ。

空気中の酸素と電解液（塩水＝海水の利用が可能）中でマグネシウムを反応させ、電気を取り出す、反応が終わったあとの金属塊を一二〇〇℃に加熱するとマグネシウムに戻る。このマグネシウムを使えば、また燃料電池をつくることできる。加熱のプロセスに太陽光を集光して使うことで、完全な排出ゼロの電気製造が可能になる。

液中プラズマという水素抽出技術もある。愛媛大学教授の野村信福《のむらしんふく》らが行っている研究だ。液体中にプラズマを発生させると油や廃液などを超高温で分解し、その過程として水素を取り出すことができる（海水でも、いや、ただの水からも水素を取り出せるが、投入するエネルギーに対して得られる水素の量が少なく、コストが釣り合わない）。現在、自動車メーカーのマツダの協力で、水素エネルギーカーの燃料となる水素を効率よく生産する手段に使えないか、検討が始まっている。

「海水燃料」の実現を阻むものとは

海水から水素を取り出して発電に使うことは理解できる。だが海水燃料はそうではなく、あくまで燃料をつくっている。今まで石油を精製してつくっていたジェット燃料を海水から合成するというのだ。

技術的にそんなことは可能なのか？　こうした発表は、いつの間にか尻すぼみになり、実は予算獲得のためのハッタリだったということがよくある。本当の話なのか？　詳細は明らかにされていないが、一〇万ガロン＝約三八万リットルのＪＰ‐５をつくる製造計画が公にされている。

まず二三億五〇〇〇万ガロンの海水から、一一九〇万ガロンの二酸化炭素を抽出する。海水には空気中の一四〇倍の二酸化炭素が溶け込んでおり、これを利用するわけだ。海水から水素も抽出する。抽出した二酸化炭素と水素を使い、金属触媒コンバータを利用して燃料を合成する。残った海水は真水となるため、船内で利用できる。

こうして一〇万ガロンの燃料ができるというが、この内容ではほとんど説明していないに等しい。

一般的に炭素と水素から燃料を合成しようとすれば、一九二〇年代に開発されたフィッシャー・トロプシュ法と呼ばれる技術を使う。金属触媒を利用する方法だ。触媒は反応に加えることで、ある物質と別の物質の化学反応を爆発的に進行させる化学物質のことだ。

たとえばメタノールの合成では、一酸化炭素と水素を銅の触媒によって結合させる。

主に低品質のガスや石油の質を上げることが目的で、ガス化して炭化水素をつくり、それを再合成して燃料にするのだ。こうしてできた合成ガスは都市ガスなどを通じて日常的に私たちも使用している。

適切な金属触媒と必要なガスが段階的に合成されるプロセスが確立できれば、ジェット燃料もつくりだせるというわけだ。だからコストの問題からやらないだけで（石油からつくるよりコストが高くついてしまうのだ）、炭素と水素から燃料をつくることは珍しくもなんともないのだ。

では、海水から水素を分離するにはどうすればいいのか？　普通に考えれば電気分解だが、なぜ電気分解で水素をつくらないかといえば、水における酸素と水素の結合は非常に強固であるため、投入するエネルギーが大きくなりすぎて採算が合わないからだ。取り出した水素で発電しても、電気分解に使った電力を下回ってしまうのだ。それでは水素をつくる意味がない。

では、現在開発中の水素燃料電池車（ホンダやマツダをはじめとして、自動車メーカー各社が実験車の試走を行っている）の水素はどこから手に入れているのか？

これは石油や天然ガスの精製過程で発生する水素を使っている。〝化石燃料を使わない〟水素燃料電池の根本には石油があり、逆にいえば、世の中で本当に水素燃料電池車が自動車の主流になってしまうと、石油の消費量が少なくなり、燃料となる水素が手に入らずに水素燃料電池車が走れなくなるという矛盾が生じるのだ。これを回避するには、風力発電や太陽電池を使ったエコな発電で水の電気分解を行えばいいが、エコではあってもコスト面で疑問が残る。専用のエコ発電施設の投資に水の電気分解で得られる水素の量が見合うのかどうか。

だから本質的な課題が残るのだ。

水素燃料（＝海水燃料も含む）の実用化には、投入する電気量を上回る発電が可能な量の水素が必要である。これはある意味で無限エネルギー、永久機関と呼んでもいい。つくられた水素で再び水素をつくりだせば、水がなくならない限り、生まれるエネルギーは拡大し続ける。そんな夢のような技術を人類は持っているのか？

ＮＲＬが海水燃料電池を実用化するにあたっても、この課題は避けて通れなかったはずだ。外部から燃料補給が不要＝海水からすべて生産なのだから、石油由来の水素は使えない。どのようにしてＮＲＬは海水から水素を取り出したのか？

調べるうちに驚くべきことがわかった。海水燃料の裏には、マッド・サイエンティスト（！）のマッドな発明が隠されていたのだ！

発明家の名前はジョン・カンジス（John Kanzius）である。

「燃える塩水」をつくった科学者の執念

カンジスは二〇〇三年にリンパ腫にかかった。当然、化学療法を受けるが、彼は衰弱していく自分の体にたまりかねた。問題は腫瘍とがん細胞である。健康な細胞を傷つけることなく、腫瘍とがん細胞だけを殺す手段を見つければ、白血病は治るはずだ。

その信念でカンジスは自分で新しいがん治療法を開発してしまった。それは腫瘍にナノサイズの金属粒子（ゴールドやプラチナを使用）を注射し、外部から電磁波を照射して金属粒子を加熱してがん細胞を焼き殺すというものだった。がん細胞は熱に弱い（四二℃以上で死滅する）ので、がん細胞に優先的に結合する金属粒子が見つかれば、がん細胞のみを加熱できる。残念ながらカンジスは道半ばにしてリンパ腫が白血病に変わり、二〇〇九年二月に病死した。しかし、彼の研究は受け継がれ、現在、ピッツバーグ大学医療センターやテキサスＭＤアンダーソンがんセンターなどで、臨床に向けて試験が続けられている。二〇一〇年時点で膵臓《すいぞう》がんの細胞組織をほかの健康な組織を傷めることなく死滅させることに成功。今後、新たながん治療法としての実用化が期待される。

　カンジスの発明の一番のポイントは、彼がＲＦＧ（ラジオ周波数発生器）と名づけた装置にある。特定の物質に合わせた周波数の電磁波を照射し、その物質のみを加熱するというのが特徴だ。

　自分のがんを治すために誰も考えなかった電磁波利用の治療法を自ら開発……これだけでも型破りのマッド・サイエンティストだが、さらにその先がある。

　がん治療法のプレゼンテーションを行っていたときにＲＦＧを動作させていた最中、たまたま電磁波を塩水に照射した。すると塩水が塩と水に分離したのだ。この技術を使えば、海水から真水を容易に分離できるとカンジスは考えた。ＲＦＧは世界の水不足を一気に解決できるのではないか？

がんそっちのけで、塩水と電磁波の関連について研究を始めたカンジスは、同時に発生する正体不明のガスに興味をそそられる。その無色無臭のガスはなんなのか？　アシスタントがよろけてＲＦＧにぶつかった瞬間、火花が飛んだ。すると試験管の中で発生していたガスが燃えたのだ。

「それはプロパンガスのように明るく燃えたんです」とカンジスは述べている。燃える塩水である！　まさか、塩水が燃料に変わってしまった？

発生したのは水素ガスである。ＲＦＧを使って、塩水に一四メガヘルツの電磁波を照射する。正確な原理は不明だが、水の電気分解とはまったく違う電気化学的プロセスで水素ガスが発生する。仮説ではあるが、塩水中の分子結合が電磁波によって弱められ、気化しやすい水素が分離、水素ガスとして気化したと考えられている。これは今まで知られていない新しい物理現象である。そしてそれは水素を分離させる恐ろしく簡単で低価格な方法の発見でもあったのだ。投入したエネルギーを、出力するエネルギーが上回る。カンジスの発明はフリーエネルギーである。

物理法則上、フリーエネルギーは存在しえない。しかし、カンジスの燃える塩水は存在している。どちらかが間違っている、あるいは燃える塩水には大きな見落としがあるのではないか？

この研究は日本でも行われており、東京都大田区《おおた》にある日本テクノ社が開発した「オオマサガス」もそのひとつ。電解処理装置をつくっている会社で、水の電気分解中に振動と攪拌《かくはん》を加えると、超効率＝入力電力を上回る量の水素と酸素の混合気体＝オオマサガスが発生するという。現在、プロパンガスに混入して燃焼効率を上げる実験が行われており、燃料ガスの消費量を半分に抑えながら熱量を一・二倍に引き上げることが可能だとしている。

私たちの科学常識は間違っていたのか？　それともエネルギーの収支の捉え方や測定方法に間違いがあるのか？　非常によくできた詐欺なのか？

今のところ、判断できる状態ではない。もし本当なら、世界のエネルギー経済は根底から覆るだろうが……。

カンジスはＲＦＧを使って塩水から水素ガスを分離する一連の方法を実用可能な代替燃料の製造方法とし、特許を取得する。

こうした技術は、往々にして疑似科学として埋もれてしまうものだ。とくに町の発明家が見つけたマッドな科学（水を燃料に変える無限エネルギーなんて、エネルギー詐欺以外の何ものでもないだろう）といえば当然である。

しかし、カンジスの燃える塩水は埋もれることはなかった。すでに海水から燃料をつくりだす研究をスタートしていたＮＲＬが目をつけたのだ。公式には発表されていないが、海水燃料プラントでは海水から水素を取り出すプロセスにＲＦＧが利用されているらしい。それにより低コストで水素の抽出が可能になり、石油燃料と同価格で生産できる海水燃料の道筋が見え始めたのだ。

ひとりの男が生きようとした執念。その結果、偶然に見つかった新技術が世界のエネルギーに革命を起こそうとしている。

フリーエネルギーが実在すれば、それは石油依存の社会構造を根底から揺るがし、株式市場では電力会社の株が二束三文で叩《たた》き売りされるだろう。

石油の枯渇と原子力発電のリスクの中で、つきまとう不安から私たちは解放される。

核物質無害化の切り札になる「常温核融合」

常温核融合の実効性は、核融合発電ではなく核種変換による現代の錬金術、それによる物質の再構成に価値があると考えられている。

たとえば日本の特許を見てみよう。「常温核融合用電極並びにその核変換による放射性、非放射性元素及び貴金属の製造方法」（特開平 9-197077）は、〈常温核融合用電極並びにその電極の核変換によって、同位元素、貴金属、稀元素《きげんそ》、非放射性物質又は熱エネルギーを製造する方法〉で、〈放射性廃棄物の非放射物化の対象として、原子炉から排出される核廃棄物、医療及び科学研究に使用した放射性廃棄物、その他の放射性汚染物質を無害化する〉。

常温核融合は基本的には水の電気分解である。そのために物理学者ではなく化学者が手がけている。

日本の化学者の一部は、全世界的に否定された常温核融合にこだわり、一定の成果を上げている。ただし物理学会はその事実を認めず、そのために学問の本流からは異端視されている。原理はなんであれ（実験事実は常温核融合の存在を肯定しているが、その原理は量子論の範疇《はんちゅう》になるため、物理学者の協力が必要だ。しかし、物理学会が常温核融合を認めないため、化学者が手探りで進めている）、常温核融合はあり、それに伴う物質の変換は起きている。電極に使う金属が別の金属に変わってしまうのだ。

福島第一原発の爆発でみんなが知ることになった核物質のセシウムは、プラセオジウムという無害な金属に変わる。放射性物質は電子を放出してどんどん別の物質に変わっていくが、それにはとてつもなく長い時間がかかる。セシウム１３５の半分の量が無害な物質に変わるまでの期間（半減期という）は、なんと二三〇万年なのだ。

放射性物質の除染が進まない理由はこれだ。無害化できないため、汚染物質を何百年、それどころか何万年も安全に保管する必要があるのだ。

ところが常温核融合で、重い核物質アメリシウムが軽い核物質ネプツニウム（軽くなったということは、より安全になったと考えればいい）に変わる半減期はわずか四〇〇日。信じがたいことに、四〇〇〇年間かけて起きる核反応をわずか四〇〇日に短縮してしまう。

日本では現在でも三菱重工《みつびし》が常温核融合を使った半減期の短縮を研究している。しかもこの事業、内閣府と文部科学省管轄の科学技術振興機構が進める「革新的研究開発推進プログラム（ImPACT）」の作業部会「核変換による高レベル放射性廃棄物の大幅な低減・資源化」にもからんでいる。

高レベル放射性廃棄物のゼロ化は、プロジェクトマネージャーを東芝《とうしば》が行っており、原子核に高エネルギービームを照射して核変換を起こす方法を主軸に考えている。しかし、それはあくまで主軸であって、ほかの方法も同時に模索している。

「原子力科学技術委員会 群分離・核変換技術評価作業部会」（第九回）において、新しい核反応制御技術として八件が採択され、その中に三菱重工の常温核融合技術も含まれていたのだ。

〈2番目が凝縮系で，これは1989年ごろに常温核融合という言葉を聞いたことがおありだと思いますが，これを核変換に転換したものでして，実は，三菱重工がこれ《ママ》をメインに開発されていた研究者が東北大に移られたということもありまして，東北大と三菱重工が共同して進めているものです〉（同議事録より引用）

核変換（または核種変換）と呼ばれる核反応は新たな粒子加速器の建造が必要となり、実用化までの期間も相当にかかる。常温核融合のシステムが小規模で行えることは例外的だ。

そうした意味からも、コストと期間が短縮できる常温核融合は核廃棄物処理の最右翼として注目すべきものがある。三菱重工が開発した手法では、パラジウムと酸化カルシウムでできた多層膜に変換させる金属を付着させ、重水素を透過させると金属の種類が変わる。セシウムはプラセオジムに、ストロンチウムはモリブデン、カルシウムはチタン、タングステンはプラチナに変わるという。

問題は変換が起きる量がマイクログラム単位という非常な微量であることで、現状でこの技術を使って福島第一原発の処理ができるかといえば、まったくの論外だ。

正直なところ、福島第一原発を本当に処理しようとしているのか、私は疑っている。というのも、私のもとに入ってきた話を信じるなら、主に医療用廃棄物を中心とした産業用の核廃棄物が、福島第一原発の敷地に投げ込まれているというのだ。

国際的なマフィアと日本のヤクザが組んで、福島を世界のゴミ捨て場にしており、それを知っているのか知らないのか、政府は黙認している。そんな状態で放射能の除去なんて、本当にやる気があるのか疑わしい。

「石油は枯渇する」説の真偽

石油をめぐるウソに、石油の枯渇がある。

石油が枯渇するといえば、原子力発電のように危険だが非常に儲《もう》かる技術を広めることもできるし、相場を高く維持することもできる。オイルメジャーやエネルギー産業はそうやって不当な利益を上げてきた。

彼らの「中東産の石油の出荷を止める」という脅しは強烈で、OPEC（石油輸出国機構）による価格の吊《つ》り上げから起きたオイルショックの記憶は、いまだに苦いものがある。そして彼らは今なお、イスラエルやトルコ、サウジアラビア、GCC（湾岸協力会議）の加盟国などに武器や傭兵《ようへい》部隊を送って中東覇権を維持しようと躍起になっている。

しかし、中東以外の原油産出地、とくに北米とロシアによるエネルギーの供給量が増えたことで、従来のように中東の石油だけで国際エネルギー市場を支配することは不可能になった。ロシアが経済と軍事の両面で中国と連携している以上は世界の石油の流れを止めることはできない。

石油は無尽蔵にあるという説がある。説というより事実なのだが、海底では砂の中で微生物が石油を合成しているらしいのだ。

植物や動物の死骸が堆積して、地中で石油化するというのは事実だ。海底油田も太平洋のど真ん中にあったりはしない。基本的に川もしくは川があった場所からそう遠くない場所で見つかっている。川の流れで運ばれてきた植物性の堆積物が石油の原料だからだ。

微生物説は日本から始まった。一九九三年に今中忠行《いまなかただゆき》大阪大学教授（当時）が静岡県牧之原《まきのはら》市にある相良《さがら》油田（日本にも油田はあるのである）で、オレオモナス・サガラネンシスという微生物を発見した。

このバクテリアは、もともとは石油を分解することが知られていた。石油を分解するので、プラスチックの分解に使えるのではないかと研究されたこともある。このバクテリアを完全に空気を遮断した状態にすると体内で石油を合成することがわかったのだ。

オレオモナス・サガラネンシスは近縁種が見つかっておらず、どの程度の量の石油生成にかかわっているのかは不明だ。とはいえ嫌気性バクテリアで、酸素を嫌い、水素を使って石油を合成するので、深海の底で彼らが石油をつくりだしている可能性は高い。採掘技術がまだないだけで、そうしたバクテリアがつくりだした石油の層が薄く地球を覆っていると予想する学者もいる。

一方で石油無機成因説がある。地球の深部で炭化水素、石油の素となる物質が生成されているという考えだ。海底火山から噴き出している熱水に炭化水素が含まれている。つまり、地球内部で炭化水素が合成され、それから石油が生まれている。

二〇〇四年にアメリカの研究者が実験室でマントル上部と同じ超高圧超高温の環境を再現し、そこに地層に模して、石灰岩と鉄の化合物、水を加えて反応させてみた。すると炭化水素ができたのだ。つまり、地球内部で石油はつくられているというわけだ。

もともと地球内部に大量の炭化水素があるという説もある。合成されているのではなく、地球深層ガスが地殻の隙間から噴き上がったものが油田をつくっているとする。

では、その元の炭化水素がどこから来たのか？　宇宙から来たという説もある。隕石が石油の原材料である炭化水素を含んでいるのだ。一九六九年にオーストラリアで発見されたマーチンソン隕石には、二酸化炭素のほかに少量だがメタンやプロパン、イソブタンなどの炭化水素化合物が含まれていた。木星などガス惑星や衛星はメタンガスの海だ。そこで生まれた炭化水素が地球創世のころに取り込まれたのではないか？

今のところ、石油微生物説も石油無機起因説も仮説の域を出ていない。しかし、無機起因の石油はとっくに利用されている。

採掘技術が上がったことで、以前よりはるかに深い場所から採油することが可能になった。その中で堆積物が絶対にない深度や場所で見つかる油田が増え始めたのだ。

基盤岩油田と呼ばれる油田（すでに四五〇カ所以上で採掘されている）は、堆積岩（元は河口に広がった土砂であり、従来の油田はそこで見つかった）のその下の基盤岩に垂直に石油がたまっていたり、地殻変動で持ち上がった基盤岩の中で見つかっていたりする。これは有機物の堆積では説明がつかない。

シェールガスも基盤岩の中に閉じ込められていた、石油が生成される途中のガスで、石油として利用するには熱を加えて生成を進める（乾留《かんりゅう》という）必要がある。シェールガスは間違いなく無機起因の石油だ。

その説明が正しいか間違っているかはともかくとして、私たちは恐竜や植物からできた石油とは別の、無機質な石油を利用しているのだ。

『成長の限界』が示唆した「油田の限界」

バクテリアにせよ、無機起因説にせよ、石油はある。それも無尽蔵に。

では、なぜ石油が枯渇するという話が喧伝《けんでん》されたのか？

一九七〇年に全地球的問題を検討するための有識者会議「ローマクラブ」が立ち上げられた。ローマクラブの名前を一躍世に知らしめたのが、一九七二年に発刊された『成長の限界』というリポートだ。

人口増加と資源の浪費がこのまま続いた場合、世界はどうなるかをシミュレーションした。それによると、行きすぎた経済活動が続いた場合、現在の社会は二一世紀半ばまでに破綻するという。『成長の限界』では石油の枯渇が予想され、およそ三〇年から四〇年で既存の油井《ゆせい》は枯れ、海底油田など採掘コストがかかる油田が石油ビジネスの中心になるため、原油価格は急騰するとした。

実際、二〇〇二年ぐらいまで一バレル（約一五六リットル）あたり二〇ドル前後だった石油価格は二〇〇八年以降、一バレル一〇〇ドルを超えた（のちにシェールガス等の参入で価格は下落）。まさにローマクラブの予測通りになったわけだ。

正確にはあくまで一九七〇年代時点での油井の枯渇であって、地球規模の石油の枯渇は意味していなかったが、世間では石油自体がなくなると学者が予想していると誤解された。

しかし、もはやエネルギー学会の趨勢《すうせい》は石油バクテリア説や石油無機成因説に傾いている。まだ採掘技術は確立していないが、時間の問題だろう。

石油が枯れるというウソは、もはや通用しないのだ。

石油が燃えれば二酸化炭素が出る。

一時は二酸化炭素は地球温暖化の原因ではないといわれた。情報の書き換えが行われたクライメートゲート事件がその発端で、気温下降のデータを削除し、地球温暖化が起きているようにデータの改竄《かいざん》が行われたというものだ。

二〇〇九年一一月、イースト・アングリア大学の気候研究ユニットのサーバーから電子メールが一万通以上の大量の文書が流出し、その中に地球温暖化のデータを改竄し、気候変動を偽造したと見られるメールのやり取りがあったことから大問題に発展。地球温暖化はそれで利益を得ようとする人々の偽造だといわれるようになった。

詳細な調査が行われ、温暖化が起きていることは間違いないことが検証されたが、その原因は人間の活動ではなく、長期的な気候変動によるものだろう。太陽の活動サイクルによるもので、原因を二酸化炭素に求めるのは間違っている。炭素排出権をめぐる大きな利権があり、その利権構造で二酸化炭素が悪者にされている。

彼らが根拠とする二酸化炭素と温度の関係が科学的に正しいのかといえば、私が見つけた写真では、二酸化炭素の観測装置の前でアイスクリームのトラックがエンジンをかけて営業していた。観測装置はトラックの排ガスを測定しているわけだ。ほかにも空港で飛行機が出入りする場所にあったりと、かなり杜撰《ずさん》なものである。

それに、経済活動から生まれる二酸化炭素を減らすには、今のエコロジーのやり方では無理である。

たとえばジュースの缶だ。

日本ではリサイクルが進んだ結果、アルミ缶の再資源率が九〇％以上にも達している。さらにアルミ缶をつくる電力も大幅に下がり、以前の数分の一の電力とコストでジュース缶はつくられるようになった。さすが日本人と思うが、その結果、何が起きたかといえば、ジュースの種類が増えた。製造コストが下がったので、メーカーはそれまで以上にバリエーションに富んだジュース缶をつくり、その結果、自動販売機が爆発的に増え、コンビニエンスストアのジュースの棚は拡張された。

だからエコロジーなどといっても、人間の欲望を抑えることは不可能なのだ。エコロジーはエコロジーという欲望にすり替わり、人間が消費するエネルギーは何ひとつ変わらない。

私が最近思うのは、二酸化炭素を抑えるのではなく、吸収させようということだ。石油は使いたいだけ使えばいい。ただし、その消費に見合った分だけ木々に二酸化炭素を吸収させる。二酸化炭素は植物の原材料なのだから。

緑を増やすこと、この地球の生命を増やすこと。それこそが次に目指すべきことじゃないかと思う。石油はもともと植物。すべての生物は炭素からできているのだから、石油をエネルギーとして消費するのではなく、生物資源として活用することができるはず。大手資本が石油を生物資源として活用する道が見つかれば、社会は変わる。

砂漠を緑化し、南極を緑化し、増える人口を地球でまかなえるようにデザインする。その技術はすでにある。しかし、それが止められているわけだ。

アメリカのビル・クリントン一派に暗殺された（公式には内戦で死亡）リビアのカダフィが、サハラ砂漠の中にあるリビア全土を緑化する計画を進めていたことはあまり知られていない。全土にパイプラインを敷設し、人工河川として水を流して緑化しようとしていたのだ。パイプラインの敷設は二〇〇六年に終了。緑化計画は順調に進むかに見えたが、二〇一四年に内戦が発生、計画は頓挫した。

これは偶然なのか、それともカダフィが踏んだ虎の尾だったのか。

ちなみにカダフィが殺された理由は、金本位制に移行しようとしたためだ。リビア政府はイギリス、フランス、イタリアに対して石油の支払いをゴールドにするようにと通達した。イギリスもフランスも石油を買えるほどのゴールドはなく、そこで民主化運動の名前を借りた戦争を始めたのだ。だからアメリカ軍はほとんど参加していない。

人口爆発は海底や宇宙の開発で解決できる

植物工場ができるようになったことで、農地の概念は大きく変わった。土地がなくても、狭小な場所でも植物を育てることができる。

どこでも農作物の栽培ができるようになれば、宇宙にも海底にも居住空間を増やすことができるだろう。

海底に人が住む……これもまた私が小さかったころに語られた未来だった。

一九七〇年代、日本では旧科学技術庁が海底居住計画「シートピア」なるものを推進していた。本当に海底に移住する計画があったのだ。なお同様の研究はアメリカ、フランスでも行われており、その成果は海底油田の開発や資源探査にスピンアウトしている。

一九七一年にスタートしたシートピア計画は、四人が居住可能な海底基地「ハビタット」を三〇メートル、六〇メートル、一〇〇メートルの深さに沈め、海底で長期的な作業を行う実験である。当初は人間が乗ったハビタットを水中に沈めたが、八六年からはハビタットを先に沈めておき、専用の船から水中エレベーターで人員を送るニューシートピア計画に切り替わった。最終実験は九〇年七月、静岡県西伊豆《にしいず》町田子《たご》沖での三〇〇メートル潜水だった。三〇〇メートルは大陸棚ギリギリの深さだ。

海の中で作業をするとはどういうことなのか。

水深三〇〇メートルは地上の常識を覆す超高圧の世界。そこで訓練を受けた人の話を聞くと、

「扇風機を回すと空気抵抗が強くて、モーターが焼き切れます」

超高圧の空気は地上の常識とはまったく異なる。

「空気が液体のようにドロドロしていて、手を動かすと空気がドロッと動くんです」

シートピア計画は、ハビタットから作業員が海中に自由に出入りすることを目的としていた。海の中は深さに応じて圧力が増していく。三〇〇メートルの深さでは三〇気圧、地上の三〇倍の圧力がかかる。人間が三〇〇メートルの深さに潜ると、肺の中の空気が三〇分の一まで収縮して肺が潰れて死んでしまう。

肺を潰さないためには、肺の中の空気を外と拮抗《きっこう》する気圧にする必要がある。水深三〇〇メートルなら三〇気圧の空気を吸っていれば、海中にすんなり出入りできるのだ。ただし、三〇気圧の空気は地上の三〇倍の密度だ（実際には空気ではなく、ヘリウム＋酸素を使うため、密度は七倍になる。窒素ではなくヘリウムを使うのは、窒素には麻酔作用があり、五気圧以上では酩酊《めいてい》するため）。空気は粘性を帯び、まるでゼリーを吸うように息を吸わないと呼吸できない。

反対に三〇気圧の空気を吸ったまま地上に上がると、今度は肺が破裂する。肺の空気が三〇倍に膨張するからだ。だから減圧という作業が必要になる。肺の圧力をゆっくり大気圧に戻してやる。これに必要な時間がおよそ一二日間。

ハビタットは中型トラックの荷台程度の広さの鋼鉄の箱だ。そこに簡易ベッドと簡単な調理器具があるだけで、あとは作業用の機材だ。とても人が生活する空間ではない。そこで何もせず、ただ減圧するだけの一二日間である。

机上で考えるほど、自然は人間にやさしくはない。極限環境で暮らせるほど人間は柔軟でもない。

しかし、深海で人間が暮らすことは困難だが、その可能性が閉ざされたわけではないだろう。問題は圧力である。いっそ外に出なければ？　浮上する潜水艦に減圧は不要だ。密閉した空間は、何万メートルの深さであっても一気圧に維持できる。

同じことを考えた人がいる。現在、世界のリゾート地で海底ホテルの建設が進んでいるのだ。窓の外を熱帯魚が泳ぐ、海の中の超高級五ツ星ホテル。それはまさに竜宮城《りゅうぐうじょう》である。一気圧に保たれた客室から海を楽しむわけだ。

一九七〇年代当時、海底への居住計画はさまざまな形で進められていた。一九六八年に民間企業がつくった「歩号《あゆみ》」は、最大五気圧まで耐えられる海底ハウス。海底村と称した、ホテル型の歩号二世は多くの人でにぎわったという。

可能性はあるのだ。

スペースコロニーをつくって人類が移住するというのは、たしかにムチャな未来だろう。国際宇宙ステーションを構成するモジュールは全長一一・二メートルの筒で、大型トラックほどだが、一番薄い部分はたったの五ミリしかない。そんな心もとないものが、日の当たる側は一五〇℃、日陰はマイナス一五〇℃という真空の世界に浮いている。トラックの荷台の日の当たる側が熱湯より熱く、その裏の日陰は空気が凍るほど寒いのだ。宇宙は真空なので、熱を伝えるものがなく、加わった熱量そのままに加熱されてしまう。

そんな宇宙空間の過激な温度差から乗組員や搭載機器を守るため、モジュールの内側には空調機、ヒーター、冷却水ループ（循環）があり内部温度を一定に保っているが、普通の人には耐えられないだろう。しかも宇宙空間では、軌道上の物体が秒速数キロメートルというとんでもない速度で飛んでいる。いわば機関銃の弾が飛び交っているようなものだ。

宇宙で生活するというのは、もしできるとしても、はるかに先の話だろう。

だが、宇宙に大型の太陽電池を置き、そこで発電した電力を地球に送ることは、手が届く現実だ。

ＪＡＸＡ（宇宙航空研究開発機構）が進める「宇宙太陽光発電システム」は、巨大な太陽光パネルを宇宙空間に浮かべ、発電した電力をマイクロ波ビームに変換、地上のアンテナで受け止めて再び電力に転換する。

一〇〇万キロワット＝およそ原発一基分の電力をまかなうには、二キロメートル四方の太陽電池が必要で、いかにその運搬コストを下げるかが課題になっている。ロケットで部材を打ち上げていては、とてもではないが、採算が取れない。

ＪＡＸＡではマイクロ波ビームの電力転換の実証実験や宇宙構造物の無人組み立てユニットの開発などを進めており、二〇五〇年ごろには試験ユニットが発電を開始するとしている。

宇宙太陽光発電でつくられるマイクロ波ビームを、地球側のアンテナに向けてではなく、住宅地に向けたら？　家屋は一瞬にして燃え上がる。究極の攻撃兵器だ。

ここ数年、カリフォルニア州では不自然な山火事が続いている。現地の写真を見ると、山火事なのに、家だけがピンポイントで燃え落ちているのだ。謎の火災は、二つの自然公園に挟まれた住宅地のみで起きている。なぜなのか？

一九九二年六月にブラジルで開催された地球サミットでは、持続可能な社会をつくるための指針「アジェンダ21」が採択された。その裏にはロスチャイルド系列のエネルギー企業、ＰＧ＆Ｅ（パシフィック・ガス・アンド・エレクトリック・カンパニー）がかかわっている。彼らはすでにマイクロ波ビーム衛星を所有し、アジェンダ21にそぐわない、彼らが邪魔と思う建造物を宇宙から焼いているとの報道があるのだ。

彼らの最終的な目標は人口削減。そのためにマイクロ波で家を焼き、地図を変える。そうしなければ、アジェンダ21が目指す持続可能社会は実現しないと彼らは考えている。

人口が増える＝食糧危機＝人口削減＝戦争やウイルスを使った人口調整という歪《ゆが》んだ方程式で未来が語られる。

「パンデミック＝生物兵器」説を検証する

アメリカの元国務長官ヘンリー・キッシンジャー。彼はノーベル平和賞を授与された人物だが、彼の「国家安全保障会議国家安全保障研究覚書公布２００（NSSM200）」、通称「キッシンジャーリポート」には、恐るべきことが書かれている。

一九七四年に発行されたこのリポートは、世界の人口増加と海外資源についての考察であり、結論として、大規模な人工的な人口削減がなければ、世界に食糧危機が訪れ、石炭などの鉱物資源は使い果たされると予測している。

さらに人口抑制のためには、貧困層を近代化させることが必要だとする。女性の社会参加や教育の向上などの近代化によって固有の生活習慣が変わり、避妊具の使用等による出産抑制が可能になるためだ。しかし、急激な人口増加は開発を遅らせ、低い出産率を達成するには貧困国が近代化する時間を待っていては間に合わないという分析もある。

ヘンリー・キッシンジャー（1923－）

では、どうするのか？

人口削減を行う最も適した方法は、遺伝子改良したウイルスによる人口削減だ。感染させることで不妊、もしくは妊娠しにくくするウイルスをつくればいい。

そんなことが可能なのか？

奇しくもキッシンジャーは将来的に一般人がエリートに歯向かうことは、羊が飼い主に歯向かうかのようなものになるだろう、と述べている。

SARS（重症急性呼吸器症候群）は有色人種を淘汰するためにつくられた人工ウイルスといわれている。

事実、カナダでSARSにかかったのは中国系だけだった。HIV（ヒト免疫不全ウイルス）も人工的に開発されたウイルスで、二〇〇万人の小児麻痺の予防ワクチンに混入されてパンデミックを引き起こした。これは昔から白人が植民地にやってきたやり方で、北米でも南米でも白人が持ち込んだウイルスによって先住民の九割が死亡した。それと同じことを人工的に引き起こし、アフリカを無人の土地に変えようとしたのがHIVの正体なのだ。ただ、実際にはHIVの潜伏期間が長いため、彼らの思うようにはいかなかった。

二〇一五年から数年にわたり南米で猛威を振るっているジカ熱は一九五二年にウガンダとタンザニアで人への感染が確認されたが、このときは被害も小さく、そのまま終息した。今回のジカ熱はブラジルが発生源だ。罹患すると

54

高熱が出るが、それで死ぬことはほぼない。だが、妊婦が感染すると胎児が小頭症《しょうとうしょう》になる確率が非常に高いとされ、大騒ぎになった。

ところが、私の友人がジカ熱患者を調べたが、該当する症例がない。小頭症の子どもが生まれたという記録が出てこない。そうした症例がないわけではないのだろう。しかし、意図的に話を大きくした勢力があるに違いない。

最初にウガンダで採取されたジカ熱ウイルスはアカゲザルのもので、ウガンダには一九三六年にロックフェラーがウガンダウイルス研究所を創設してウイルス感染症の研究を行ってきた。アカゲザルから採取されたウイルスは、アカゲザルが生息していた森の名前＝ジカの森からジカ熱ウイルスと名づけられ、アメリカ培養細胞系統保存機関（ＡＴＣＣ）が保管した。ＡＴＣＣの運営母体もロックフェラー財団だ。

ジカ熱ウイルスは研究、実験用としてロックフェラーがオンライン通販を行っており、身分証等の提示などの手続きを踏めば購入可能だ。

アフリカで発見されたウイルスが、なぜ五〇年以上も経って南米でパンデミックを引き起こしたのか。ワクチンを売るために話を大きくしたのではないか。

ワクチン投与で激増する自閉症児

ワクチン投与によって自閉症が増えているという話をご存じだろうか？

一部のワクチンには水銀が使われており、それが自閉症を生み出すというのだ。

自閉症児数は右肩上がりで増加しており、それは三種混合ワクチン（はしか、風疹《ふうしん》、おたふくかぜの混合ワクチン）の接種義務化と軌を一にしている。

アメリカのウェイクフィールドらはそこに注目した。水銀中毒の症状が自閉症の症状と似る場合があり、ワクチンに添加される防腐剤チメロサールがエチル水銀由来であることから、ワクチンの保存料に使われている水銀によって、幼児が水銀中毒になると警告。

医学界は反発した。チメロサールに含まれる水銀量は微量であり、体外に排出される（水銀中毒になりようがない）、大規模な水銀中毒が起きた熊本県水俣市《みなまた》に自閉症児が増加したという記録がない、水銀中毒の症状と自閉症の症状がまったく違う、などの反論を行った。また、ウェイクフィールドらが対象とした自閉症児の数はわずか一二例であり、そこからワクチンが危険だという結論を導くのは無理がある。結局、この話は放射能によって肢体が不自由な子どもの出産が増えるというデマと同じく、都市伝説の域を出なかった。

ところが、二〇一一年八月、ＩＯＭ（全米科学アカデミー医学研究所）はワクチンと自閉症児の相関関係について一五六例中、一三五例に有意な関係があることを認める報告書を発表したのだ。有機水銀が自閉症を引き起こす可能性が高く、自閉症児ワクチンに含まれるチメロサールという水銀化合物がその原因ではないか？　という調査報告が上がったのである。

二〇一五年三月八日、イタリアの裁判所は製薬会社グラクソ・スミス・クライン社のインフルエンザワクチン「INFANTRIX Hexa」が脳障害のきっかけとなり、自閉症を引き起こしたという判決を出した。判決によれば、ワクチンに含まれている水銀とアルミニウムが自閉症を引き起こす可能性があり、グラクソ・スミス・クライン社はそれを知りつつ同社のワクチンに使用し続けたという。

現在、世界中のワクチンは水銀フリーの製剤に取って代わりつつある。これは自閉症児とは関係なく、チメロサールの有効性に疑問があるからだといわれているが、自閉症児の支援団体は自閉症児との因果関係を暗に認めたためとしている。

「子宮頸がんワクチン」がはらむ大きなリスク

子宮頸《けい》がんワクチンの副作用も恐ろしい。子宮頸がんはヒトパピローマウイルスを原因として発生するがんで、有効性を高めるために一〇代での接種が推奨されている。ウイルスのキャリアになってしまうとワクチンが効かないからだ。

ワクチンはメルク社のガーダシルとグラクソ・スミス・クライン社のサーバリックスが承認されており、日本では後者が使われている。

日本で子宮頸がんによって亡くなる方は、年間三〇〇〇人程度（二〇一一年）。三〇代後半から増えていく傾向がある。感染率は高く、厚生労働省によると子宮頸部の細胞に異常がない女性のうち、一〇〜二〇％程度の方が感染しているという。

このワクチンに副作用があるらしいのだ。複合性局所疼痛《とうつう》症候群（骨折、捻挫などの外傷をきっかけとして生じる原因不明の慢性の疼痛）や関節痛などにより、日常生活が送れなくなるほど重篤化する女性が何人も現れたからだ。

因果関係は不明ながら、副作用が発生したことで、厚生労働省はワクチン接種の「義務」化を「推奨」に緩和したが、それに対してＷＨＯ（世界保健機関）は「乏しい証拠に基づいた政策決定」との非難をした。エビデンスのない副作用に左右され、若い女性が子宮頸がんにかかるリスクを放置しているというのだ。

しかし、死亡者三〇〇〇人に対して、ワクチン接種で一生の障害が残る被害者が一〇〇〇人というのは、予防医療としてあまりに歪んでいる。子宮頸がんによって命を落としたり、子どもが産めなくなったりするリスクを考えれば、そのリスクを減らすためにワクチンを打っておくという判断は間違いではない。あくまで副作用のリスクが非常に小さい場合に限られるが。現実に副作用がある（繰り返すが、薬害で因果関係を特定するのは不可能に近い）ワクチンをそこまで過信するのは、何か別の理由があるのではないかと勘繰りたくなるではないか。

ワクチンに含まれる免疫補助剤（ワクチンの効果を上げるための補助をする）を総称してアジュバントと呼ぶが、ワクチンという性質上、免疫反応によって体に抗体をつくりだす。アジュバントはその補助をするために、免疫反応が通常より進む、つまり副作用が出やすくなる。

ペットの断種に使われる成分が含まれるため、エリート思想のもと、特定の集団や人種を根《ね》絶《だ》やしにするために使われたのではないか？　との憶測も流れた。しかし、欧米でも副作用による被害者は人種を問わず出ている（七六〇人に一人の割合だという。これは日本における副作用の発生率より高い）。断種成分とされる水酸化アルミニウムは神経系への悪影響が懸念される物質で、発がん性もある。

断種という意味では子宮頸がんによる不妊のほうが何百倍も恐ろしい。だから自分たちはワクチンを使い、有色人種は人種による免疫の違いからワクチンが使えないといってワクチンを売らないというなら筋が通る。

だからワクチンの接種を強制しようというのは、本当に正義感によるものか、製薬会社の要請によるものか。どちらにしろ、副作用のリスクがある以上は迷惑な話である。

人種間の違いによる薬効の違いは無視できるレベルではない。よくアメリカで認可されている抗がん剤が日本で認可されないのはおかしい、患者の命より国内の製薬会社を守ろうとしているというが、違うのだ。これは優生思想につながるために公にされないだけで、日本人と白人と黒人では薬の効き方がまったく違う。

例としてよく挙げられるのがアルコール耐性。日本人のような下戸《げこ》は白人にはまったくといっていいほど少ない。こうした人種による代謝や酵素の違いがあるため、白人に効く薬を日本人が使っても効かなかったり、重篤な副作用を起こしたりすることがある。だから、安易にアメリカで認められたから日本でも、とはならないのだ。

子宮頸がんワクチンのアジュバントが日本人に対して過剰に働く可能性は無視できない。正確な作用機序が判明するまでは接種を控えるべきであり、ＷＨＯがなんといおうと厚生労働省の対応は正しい。

しかもヒトパピローマウイルスが子宮頸がんの原因ではないとの説がある。

このウイルスのキャリアが子宮頸がんを発症するのは間違いないが、ヒトパピローマウイルスの感染率を一生涯で観察すると八〇％以上。これは話が逆で、子宮頸がんからヒトパピローマウイルスが見つかったからヒトパピローマウイルスが子宮頸がんの原因なのではなく、ヒトパピローマウイルスに感染している人のうち、ごくまれに子宮頸がんになる人がいると考えたほうが自然なのではないか。

グラクソ・スミス・クライン社は疑惑のある会社で、二〇〇九年の新型インフルエンザの騒ぎの際に、日本が輸入した同社のインフルエンザワクチンの副作用から一〇〇人あまりが亡くなっている（正確な因果関係は不明。これは薬害の特徴だ）。

ビル・ゲイツなどの大富豪たちはワクチン接種を通じて人口調整をしようとしている。ゲイツには慈善事業家の側面があり、発展途上国で積極的にワクチン接種事業を展開していることは有名なので、ご存じの方も多いだろう。

有名人に舞台で短いトークをさせるＴＥＤに登場したゲイツは、二酸化炭素の増加による地球温暖化に触れて、こういった。

「現在の人口は六八億人。近い将来、九〇億人に達するでしょう。私たちが新しいワクチンを用いて、健康と生殖の管理を真剣に行えば、一〇～一五％の人口を減らすことができます」

素直に読めば、ゲイツは、ワクチンを使って人口を減らそうと考えているとしか思えない。

ウイルスにまつわる陰謀はいまだ終わっていない。

二〇一一年、アメリカの分子生物学者ジュディ・ミコビッツ博士は、マウスの白血病ウイルスが人間で動作することを確認。その感染はワクチン経由が最も多いという論文を発表した。

その直後、彼女は論文を偽造したとして逮捕され、研究者としてのキャリアは終わった。マウスのウイルスに汚染されたワクチンが出荷されている可能性を示唆したためだ。

二〇一四年に薬品メーカーのバクスター社がインフルエンザワクチンに不活性化処理をしていない鳥インフルエンザのウイルスを混入させる事件が起きた。人為的なミスであるとバクスター社は謝罪を行ったが、インフルエンザウイルスと鳥インフルエンザのウイルスはまったく関係がない。意図的でない限り、混入はありえない。

最近では小児麻痺のウイルスがインドの薬品メーカーによって意図的にワクチンに混入され、逮捕者が出る事件も起きている。売上のためなのか、闇の勢力による人口削減計画の一端なのか、その意図はつかみかねるが、病気を治すワクチンで殺人ウイルスのパンデミックを引き起こそうとしている誰かがいるのだ。

二〇一八年九月一一日、ジョージア（旧グルジア）のイーゴル・ジオルガゼ元国家安全大臣が同国にあるアメリカの医療研究所ルガール・センターで細菌兵器の研究を行っていたと暴露した。同氏によると、二〇一五年に同センターでC型肝炎の治療を受けていた三〇人の患者のうち、二四人がたった一日で死亡する事件があり、それが発端となって同センターで人体実験が行われていたことが明らかになった。この告発がモスクワで行われたことから、ロシア政府も事実を追認していると考えられる。

第2章

隠蔽された技術から読み解く「もうひとつの世界」

私たちの「未来」を奪うものの正体

権力者による弱者の殺害、有色人種差別。そうしたことは、高い教育を受けた人間であれば自然に気がつき、時間がかかっても、非人道的な行いはいずれ社会によって断罪されるはずだ。教育が真っ当であれば。

教育の質の低下は年々ひどくなっている。アメリカの場合、一〇〇年前の小学校六年生の試験を今の大学生が解けないという話もあるほどだ。

ＭＢＡ（経営学修士）はバカをつくるためにつくった制度だとロスチャイルド一派はいっていた。そして、成功したとも。いかに商品を売り、どうやって利益率を高めるのか。そうしたことだけしか教えない。人生に何が必要なのか、人間とは何かという哲学的な教育を行わず、企業にとって都合のいいロボットになる教育しか行わない。

意図的に教育レベルが下げられている！

今の社会の図式や価値観に疑問を持たないことを、教育によって徹底させようとしている。学歴が高い人ほど同じデータをインプットされ、おかしいと気づくことがなくなってしまう。日本の団塊の世代も、あれだけ学生運動で騒ぎを起こしたのに、背広を着て満員電車に乗るサラリーマンになっている。ヒッピーも同じだ。みんな洗脳されてしまった。高度経済成長期に日本人は洗脳されたのだ。

日本は貧富の格差が非常に小さい国で、一九七〇年代、その差は先進国の中で最も小さかった。国にも目的があった。欧米を追い抜こうと結束していた。前向きないい国だったのだ。

そんな日本が、なぜこんな内向きの国になってしまったのか？　二〇年以上の取材を通じて、ようやく私にはその理由が見えてきた。

一九八五年九月二二日、プラザ合意が発表された。円高にして金融ビッグバンになって、というG５（先進五カ国財務大臣・中央銀行総裁会議）の押しつけがあった。ドイツは猛反対したが、日本はそれに従った。なぜ従ったのか？

一九八五年にアメリカの外交政策が対共産主義から大きく変わったのだ。パパ・ブッシュがＣＩＡ（中央情報局）長官、さらに副大統領になったとき、アメリカの対日外交が変わった。非常に悪質な圧力外交に変わった。暴力団、金融資本、アメリカが手を結び、日本人の金融資産を吸い上げる仕組みをつくったのだ。

しかも、こうしたアメリカの戦略に日本のエリート層も加担している。一九七三年に発足した三極委員会は、日米欧の民間研究者による政策協議機関だが、その初代委員長は有名コピー機メーカーの会長が務めた。コピー機が原理的にファクスと同じものであることはご存じだろう。コピー機を通じて日本の技術は盗まれ、企業情報は筒抜けだったのだ。

この地球で人が幸せに暮らすことを嫌っている連中がいる。

技術と富の不均等を望む連中だ。

闇の勢力が目指す、エリートに管理されなければ滅ぶ人類という図式は、あまりにも傲慢であり、気味が悪い。

私たちは何を奪われ、隠され、だまされているのか。

私とともに、その証拠を一つひとつ検証していこう。

宇宙の真の姿は「デジタル空間」なのか

私たちの世代はNASA（アメリカ航空宇宙局）が憧れだった。

一九六〇年代、七〇年代の雑誌やSFでは、二〇〇〇年代に入れば人間は宇宙に進出し、別の惑星に移住している……それが当時の常識であり、そうなることを疑ってもみなかった。しかし、なぜか人間は月に何回か行っただけで、ほかの惑星への進出をやめてしまった。火星にも木星にも行っていない。

もしかしたら、私たちは宇宙に出て行かないのではなく、出て行けないのではないか？

何かの理由で、私たちは宇宙に進出できないのではないか？

私たちは地球に封じ込められている？　その理由として考えられるのは三通りだ。

よくＳＦのテーマにされた、人類は戦闘的な種族なので、宇宙人によって地球から出られないようにされているというもの。核兵器を含め、私たちは自分たちどころか地球を焼き尽くすだけの兵器を持っている。核兵器だけで一万七〇〇〇発以上、地球表面を二〇回、完全に焼くことができる。もし宇宙人がいたら、こういう頭が悪い連中には出てきてほしくないと思うだろう。

核廃絶を含め、世界平和が実現されれば、宇宙進出の技術が解禁されるのだと、この説を唱える人たちはいう。

ホログラフィック仮説（宇宙ホログラム論など呼び方はいくつかある）という宇宙理論がある。この世界が実はホログラフィックな情報体であり、スーパーマリオのようなデジタル空間ではないか？　というものだ。突拍子もないように聞こえるが、物理学の最先端では、多元宇宙論＝パラレルワールドと同じく研究対象とされている。

スーパーマリオがテレビゲームから現実には出てこられないように、私たちは定まった空間の中に閉じ込められているのではないか？

たとえばボイジャー探査衛星が太陽系を出て深宇宙に入ろうとしたときに、なぜか軌道が曲がってしまった。太陽系と深宇宙を結ぶどこかで、何かが衛星の軌道を曲げたのだ。

テレビの外枠のように、スーパーマリオはそこから先には進めない。

ホログラフィック仮説はテレビゲームとはちょっと違い、量子力学で成り立つ法則が数百億光年の超巨大なスケールの宇宙全体で成り立つには？　という宇宙の根本にかかわる物理現象を考えて出てきた仮説だ。

ホログラフィック仮説では、量子の最小のゆらぎがコンピュータのドットのように宇宙を描いていると考える。だから厳密にいうと、私たちはテレビの中に閉じ込められているどころか、極小の量子スケールの空間に閉じ込められていることになる。

ダイナミックな話だが、なかなか想像しにくい。想像しにくいが、その真偽の検証のために多くの実験が行われているし、ブラックホールを検出して話題になった重力波望遠鏡が最終目標である宇宙の背景ゆらぎを観測した場合、非常に現実味を帯びる宇宙観だ。

宇宙の背景ゆらぎとは、宇宙がビッグバンから始まったとき、まだ宇宙が量子サイズしかなかったときの量子的なゆらぎのことで、それが見つかったら、宇宙の見方は根本的どころか、まったくの別物になる。

宇宙が量子サイズの一点から始まったのなら、私たちは量子サイズの泡の中にずっと閉じ込められていることになるのだから。

宇宙がホログラフィックな情報体だとすれば、コンピュータのプログラムを相手にするようにハッキングすることもできるだろう。映画『マトリックス』のように、宇宙をハッキングして、超能力も現実に起きるかもしれない。

スーパーマリオが、なんでキノコを踏んづけると飛び上がるのか、ようやく疑問に思い始めた……私たちはそんなレベルだ。キノコのポイント制からピーチ姫の救出が自分のゴールと理解し、自分たちがリセットを繰り返す、コンピュータがつくりだすドット絵にすぎないと気づくには、それはそれはとんでもない知性と時間が必要だろう。

車を運転中、ラジオで在日アメリカ軍向けのＡＦＮラジオを聞いていたら、妙なアナウンスが入った。

「アメリカ軍では宇宙部隊を創設します。勤務体系は艦艇勤務と変わりません」

艦艇と変わらない？　まさか宇宙船？

そうなのだ。すでに私たちは宇宙に進出しているが、それが隠されているらしいのだ。

人類は本当に月に降り立ったのか

一九六九年七月二〇日、アポロ一一号に乗ったニール・アームストロング船長とパイロットのバズ・オルドリンの二名が、人類史上初めて月面に降り立った……とされている。しかし、本当に彼らは月に行ったのか？

人類は月に行っていない＝アポロ計画陰謀論はいまだ論争が絶えない。月面着陸はウソで、人類は月には行っていないという人たちがいる。それに対して科学検証を行い、本当に行ったのだという人たちもいる。話は平行線で交わらない。

二〇一五年、あるビデオテープが公開された。

一九九九年三月、ＳＦ映画の金字塔『２００１年宇宙の旅』の監督スタンリー・キューブリック（一九九九年三月七日没）が、死の直前にインタビューを受けた。そのインタビュー映像は一五年間非公開とされていたが、それが二〇一五年一二月に公開されたのだ。キューブリックはいっている。

「私と合衆国政府ならびにＮＡＳＡは、アメリカ社会をとてつもない欺瞞《ぎまん》にかけた。月着陸は偽物だ。すべてが偽物で、私があのフィルムをつくった」（編集部訳）

インタビューの中では、月着陸に関するフィルムがどのような手順でつくられたのか、撮影場所や予算、スタッフなどについての具体的な情報は何も出てこない。そのため、このインタビュー自体がフェイクであり、キューブリックのそっくりさんを使って撮影されたのではないか？　という指摘もあるが、真相はいまだ不明だ。

月どころか、人間は宇宙船を使っても宇宙には出られない、少なくともこれまで宇宙に出ることはできなかったのではないか？　という話も出ている。しかも話の出所はＮＡＳＡだ。

地球の周りにはヴァン・アレン帯という放射線が非常に高い帯域が存在する。地球は巨大な磁石なので、太陽から噴き出してくる放射線は地球の磁気に捕らえられ、地球の周りをドーナツ状にとりまいている。宇宙開発の初期の一九五八年にヴァン・アレン博士が発見したこの帯は、当時の放射線測定器を破壊するほど高い放射線を放っていた。もし人間がヴァン・アレン帯を潜り抜けて外宇宙に出ようとしても、強い放射線を浴びるために短時間で死んでしまうだろう。

スタンリー・キューブリックとされる人物（YouTubeより）

国際宇宙ステーションは地上から約四〇〇キロメートルの地球周回軌道を回っている。一方、ヴァン・アレン帯は二重構造で、通常は地上二〇〇〇～五〇〇〇キロメートルから第一層が始まり、一万～二万キロメートルに第二層がある。地球からの距離がまったく違う。
つまり、人間は地球近傍の宇宙空間に出ることはできるが、ヴァン・アレン帯を突破することは不可能ではないのか？　しかし、ヴァン・アレン帯を突破しなければ月にはたどり着けない。人類がヴァン・アレン帯を突破できないのなら、月に行ったのはウソということになる。

月着陸偽造説に対して、それはあくまで発見当時の知識で、実際には金属板で覆われた宇宙船ならヴァン・アレン帯を難なく通過できると反対論者はいう。その証拠としてアポロ計画の成功があるではないか、というのだ。だがアポロ計画陰謀論者は、アポロ計画自体を疑っているのであって、そうなると話が堂々めぐりしてしまう。

現在、ＮＡＳＡでは火星有人探査計画を進めており、二〇一四年一二月四日、火星宇宙船「オリオン」の無人帰還実験を行った。オリオン号は高度五八〇〇キロメートル、つまりヴァン・アレン帯の外側の軌道に投入され、再びヴァン・アレン帯を通過して地球に帰還した。

この実験自体は火星有人飛行を実現する第一歩なのだが、実験に先立ってオリオン計画について発表された内容は奇妙なものだった。ＮＡＳＡのスポークスマンは、

「宇宙船の機器がヴァン・アレン帯の影響を受けずに帰還できるかどうかが重要なのです」（編集部訳）

といっている。ヴァン・アレン帯の放射線は非常に強力なので、人体どころか宇宙船の機器にさえ影響してしまうらしいのだ。

今さら？　おかしくはないだろうか？　では、アポロ計画の宇宙船はなんだったのか？

……今から五〇年近くも前、アポロ一一号はヴァン・アレン帯の影響をどのようにクリアしたのか?

しかし、一方、月の周回軌道に乗った人工衛星によって、アポロ計画で月面に着陸した宇宙船の噴射跡が撮影されている。

どちらが本当なのか?

本当に人類は月に行ったのか? すべてはウソだったのか?

宇宙人はすでに地球に来ている

二〇〇三年以来、現在も火星を探査中の火星探査車マーズ・エクスプロレーション・ローバーが送ってくる火星の画像には、奇妙なものが写っている。それらはウサギのような動物や骨、人間、何かの建造物のように見える。

マーズ・エクスプロレーション・ローバーは、本当は火星ではなく、グリーンランドとアリゾナを走っていて、そこでの映像が火星の画像として配信されているという告発がある。

火星の映像といわれているものは、本当は地球の映像じゃないのか?

なんとグーグルアースには、グリーンランドとアリゾナにNASAのキャンプがあり(車両にＮＡＳＡのマークがついている)、マーズ・エクスプロレーション・ローバーとよく似た無人車両が数台映っているのだ。

情報公開制度に従い、宇宙関連の情報も表に出てくるようになった。そして軍事機密扱いだったＵＦＯ(未確認飛行物体)に関する情報を一般に開示させようというワシントン在住の記者サラ・マクドレンが主体となって推し進めているＵＦＯディスクロージャープロジェクトでは、多くの衝撃的な情報が出てきている。

二〇〇一年にナショナル・プレス・クラブで行われた記者会見では、元医師のスティーブン・グリア博士が多くの退役軍人とともに現れた。彼らは現役時代にＵＦＯや墜落したＵＦＯが回収される様子を目撃、あるいはＵＦＯに関する機密文書を読む機会があった人たちであり、月面に発見された人工物(建築物と考えられている)の画像を見たという軍の画像解析のエンジニアの話、一九六〇年代から存在していたアメリカ製ＵＦＯ(ＡＲＶ＝Alien Reproduction Vehicle、再現された異星人の乗り物)などが発表された。

二〇一三年五月に行われた記者会見では、カナダの元国防大臣ポール・ヘリヤーが在任中にＵＦＯを見たと証言。それがロシアの兵器ではないかと疑い、軍が調査を行ったと説明した。それによると、カナダ軍は過去数千年間で最低四種族の宇宙人が地球を訪れていると結論した報告書を作成したという。

多くの互いに矛盾する情報が錯綜《さくそう》し、そのどれが本当なのか、とてもわかりにくいのが現状だ。私はこうした矛盾する現状をそのままで理解する手段として、ホログラフィック仮説を受け入れたい。

私たちの宇宙はデジタル空間であり、私たちはスーパーマリオにすぎない……この説を受け入れることで、多くのことが理解できるようになる。

「多次元化」している宇宙空間

宇宙がデジタル空間であり、ある種のコンピュータ（あくまで、たとえである）によってつくられたホログラフィックな幻だとしよう。

私たちが使っているコンピュータをアップデートすると表面的には情報が更新されるが、ハードディスクの中に過去の情報は残される。同じように地球もまた更新されるが、一部に過去の情報が紛れ込む。

ごくまれにオーパーツと呼ばれる場違いなものが発見される。古い地層の中に埋もれたネジや三葉虫《さんようちゅう》を踏みつけた足跡などだ。オーパーツもそうした情報更新の際に生まれたバグではないのか。

繰り返し繰り返し宇宙は更新され、何かのゴールを得ようとしている、そんなふうに見える。

一九九二年に来日したパパ・ブッシュが当時の総理大臣だった宮澤喜一《みやざわきいち》の晩餐会《ばんさんかい》に参列した。このとき、ブッシュが席上で嘔吐《おうと》して担ぎ出されるという失態を演じた（当時の映像はABC放送のものが残っており、「George H.W. Bush Vomiting Incident」の名前でネット検索すれば動画を見ることができる）。この映像を見ると、その異様さに困惑する。嘔吐して倒れたブッシュは意識もなく、口元をナプキンで押さえられ、顔は土気色《つちけいろ》だ。それがSPに囲まれて数分後に突然、元気になってSPの間から現れるのだ。腕を高く掲げて大声でアピールし、まるで別人である。まるで別人ではなく、どう見ても別人にしか見えない。元気になっただけではなく、明らかに若い（!）。

年寄りのブッシュが死んでしまい、それより一〇歳は若いブッシュが代わりに現れた？ブッシュがこの地球のシミュレーションに必要なキャラであり、だから死んでもまた出てくるのか。

私の講演会には多くの人が集まるが、たまに奇妙なことをいう人がいる。

「私は火星で働いたことがあります」

その人はよく講演会に来る日本人で、身なりもきちんとした普通の人だ。火星で働いたという以外はきわめてまともなのだ。精神疾患の様子もない。

プレアデス星団から来たという別の人もいる。そういう人がいうには、すでに人間がそうした星に植民地をつくっているという。

彼らがウソをついていないのだとしたら、彼らもまた、この宇宙がデジタル空間であり、多次元化していることの証拠になるのかもしれない。

アマゾンの原住民、ピダハン族はほかの言語とはまったく体系が違う独自の言語を話す。言語学者のダニエル・エヴェレットが接触して世界にその存在が知られるようになった。

彼らの村はアマゾン川の上流にあり、エヴェレットのような白人は、モーターボートでそこに行くしかない。ピダハン族からすれば、白人が乗るモーターボートはＵＦＯみたいなものだろう。

自在に宇宙を移動する「ガンマ生命体」

イタリアのフリーメイソンＰ２ロッジ（一般的に支部や支局と呼ぶ部署を、フリーメイソンではロッジと呼ぶ）を取材したとき、彼らはとんでもないことをいった。

「私たちは二万六〇〇〇年前に、地球外生命から、ある脚本通りにこの地球を演出するようにいわれました」

彼らは自分たちが持っている情報や技術は科学なのだというが、私からすれば、それは魔術だ。彼らは呪文を唱えて、さまざまな地球外生命体を呼び出すというのだから。彼らはガンマ線で体が構成された、人間とはまったく異質の生命体らしい。

私たちがいう宇宙人は、彼らには精霊であり、精霊と連絡を取っているのだと。

そんなバカな、と思うかもしれないが、生命は私たちが思うほど簡単でも単純でもない。

二〇〇七年八月一四日、『New Journal of Physics』誌にプラズマの自己組織化についての論文が掲載された。ロシア科学アカデミーのチュトビッチやドイツ・マックス＝プランク研究所のモーフィルらはプラズマ中の結晶（宇宙空間を漂う塵《ちり》と同じもの）が生物のようならせん構造、つまりＤＮＡ（デオキシリボ核酸）によく似たらせん構造に自己組織化することを発見した。プラズマ中の塵が、勝手に二重らせん構造をつくりだしたというのだ。

電気を食料とするバクテリアも見つかっている。

ガンマ線生命体、要するに光の生命というわけだが、そんな生命体なら空気も何もない極寒の宇宙も難なく通過できるし、生命自体が電気信号なのだから、恒星間航行もできるだろう。人間のようなタンパク質でできた生き物と違って、組織の劣化もないから、何百年も機能を止めておくこともできる。

Ｐ２ロッジがコンタクトしているというガンマ線生命体は、どうやら自在に宇宙を移動する技術を持っている。彼らからすれば、私たちは遅れた世界の住人だ。

無数のパラレルワールドの中に、宇宙に自由に行ける人々がいるなら、彼らにとって私たちはピダハン族のようなものだ。私たちは地球に取り残されているだけではなく、はるかに遅れた過去の文明の中に置き去りにされている。

異次元から現れ、密室から消えた男

一九四七年にＦＢＩの特別捜査官が作成したリポートが機密区分を外され、二〇一一年に公開された。

このリポートはＵＦＯの目撃談や研究例を集め、ＵＦＯ現象とは何かをまとめたもので、それによると、すでに人類はほかの惑星の住人の訪問を受けているのだという。そして彼らは、ほかの星から来るだけではなく、別の次元からもやって来ている。

霊的な世界に起源を持つ彼らは、私たちの住む物理的な宇宙と共存（！）している。彼ら霊体は、時として私たちの星で実体化するが、その姿は巨大なものなのだという。

テレビ放送で違う局の電波が混じることなく共存しているようなものなのだろう。彼らはロケットで遠くから来たわけではなく、周波数を私たちの世界に合わせることで実体化する。

テレビを通さない電波が私たちから見えないのと同じだ。テレビの中でしゃべったり笑わせたりする映像はこの目の前を飛んでいるが、私たちには受信機がなければ見えない。見えない電波をテレビが私たちが見えるものへと変えるわけだ。

別次元から来る霊体も私たちと重なるようにして存在している。

彼らはなんのために地球に来るのか？

FBIのリポートによれば、ディスク＝円盤にはリモートコントロールの無人機と乗組員が乗っているものがあり、彼らの使命は平和であるという。彼らは人間と姿形は似ているが、もっと大きい。

この世界が別の次元と重なっているのではないか？　と疑いたくなる事件も起きている。

一九五四年のことだ。東京国際空港（羽田《はねだ》）にごく普通の身なりの男が到着した。彼が税関を通るときに問題が起きた。彼は入国スタンプをもらうためにパスポートを出し、トゥレッド（Taured）という国から来たといった。税関のスタッフは誰もその国名を知らなかったために、男は、

「フランスとスペインの間にある国です」

といい、地図を指さした。彼が指した国はアンドラ公国であり、トゥレッドという国ではない。しかし、彼はトゥレッド国が一〇〇〇年前からあるといい、アンドラ公国という名前は聞

いたことがないという。

彼は過去五年の間に仕事で日本に来たといい、パスポートに押されたビザと出入国のスタンプを見せた。免許証はトゥレッドの名前で発行され、小切手は聞いたことがない銀行のものだった。

結局、彼は身元不明者としてホテルの一室に入れられ、部屋のドアの前では出入国管理官二人が警戒に当たっていた。

ところが、である。朝になって管理官がドアを開けると、部屋には誰もいなかった。男は密室から忽然《こつぜん》と姿を消してしまったのだ。

存在しない国から現れ、密室から消えた男。その正体はなんだったのか？

ビートルズが解散していない「並行世界」

ビートルズが解散していなかった？　そんな世界もあるらしい。

二〇〇九年九月、カリフォルニア州デル・プエルト峡谷で、ジェイムス・リチャードは逃げた飼い犬を追いかけていた。その途中、ウサギの穴に足を取られて転倒し意識を失う。

気がつくと、リチャードは見知らぬ部屋にいた。そこにはジョナスと名乗る男と理解不能な機械があった。ジョナスは自分が次元旅行のエージェントであり、意識を失ったリチャードを助けるために、並行した別の地球に連れてきたのだといった。

驚くべきことに、その地球ではビートルズは解散しておらず、誰も死んでいなかったという。彼らは今でも音楽をつくっていて、リチャードはおみやげに私たちの次元では発売されることがないビートルズの曲が入ったカセットテープを持って帰った。その曲はリチャードのウェブサイトで公開されている。

二〇〇六年、キャロル・チェイス・マクエルヘニュイが生まれ故郷に戻ったら、そこは自分が知っている町ではなかった。地理上の場所は正しいが、祖父母の代からの墓もなく、建物にも見覚えがない。

数年後、彼女は父親の葬儀で同じ場所に戻ってみたが、もうその町はなく、記憶通りの街並みが続いていた。消えたはずの墓も記憶していた墓地にあった。

ライラ・ガルシアの場合、二〇〇八年七月のある日、日常生活にごく小さな違いが表れた。寝る前に着ていたパジャマとシーツが起きると違っている、二〇年間勤めている職場に行くとオフィスのある階が記憶と違う、家に帰ると半年前に別れた恋人が部屋にいたのだという。恋人は自分たちは別れていないといい、四カ月前からつきあっている恋人は見つからず、のちに探偵を雇って探したが、家族もすべて跡形なく消え去っていた。

ガルシアは脳神経の病気かもしれない。だが、彼女は別の宇宙で目覚めたのだと主張する。不幸なことに、彼女は自分の恋人がいない宇宙に間違った次元旅行をしてしまい、今もこの宇宙にいる。

違うチャンネルの番組を見るように、映画『メン・イン・ブラック3』のように、少しだけ違う隣り合った世界に移動する。こうした体験談はその証拠であり、私たちが住む宇宙の本当の姿を表しているのかもしれない。

リチャード・バード少将が見た「地底世界」

私が以前から気になっているのが、リチャード・バード少将の極地探検の報告（レイモンド・バーナードが『The Hollow Earth - The Greatest Geographic Discovery in History』として出版、邦訳・『地球空洞説』大陸書房）だ。

第二次世界大戦直後の一九四六〜四七年、アメリカ海軍は大規模な探検隊（参加人数は五〇〇〇人前後といわれている）を組織し、南極を調査した。その指揮を執ったのがリチャード・バード少将であり、世界で初めて航空機で北極点に到達した人物として知られている。

本来の目的は南極の沿岸線地図の作製と生物調査だったが、探検中にバード少将は二週間にわたって失踪する。バード少将は何をしていたのか？　彼の証言によると、北極の足元には巨大な地下世界が広がっており、航空機で偵察中だったバード少将は、氷床に開いた穴から偶然にもその中に入ることができたのだという。

このとき、バード少将とパイロットは記録用のムービーカメラを持っており、地底世界を空撮することに成功した。バード少将の帰国直後には、その映像の一部が日本でも映画館で上映されるなど、世界中でセンセーショナルに取り上げられたが、じきにアメリカ政府によって封印され、バード少将も公での発言を禁じられることとなった。

バード少将が見た世界はなんだったのか？　映像には草原を歩くマンモスらしき長毛の巨大な象の姿が映っており、古代の世界がそのまま地下に封印されたかのように見える。

リチャード・バード（1888－1957）

進化論から見れば、類人猿と人間の祖先は共通している。宇宙もまたそのような分岐をしながら重なり合って存在しているのではないか？

地底人は実在する！

元ＮＳＡ（国家安全保障局）で政府の機密文書を公開して注目されたエドワード・スノーデンが、そんな冗談のような話を言い出した。

スノーデンいわく、UFOは地底人の乗り物であり、地下のマントル層には「ホモサピエンスをしのぐ知性を持った種族がいることを、DARPA（アメリカ国防高等研究計画局、国防総省の一機関で、次世代軍事技術の研究開発を行っている）のスタッフは信じている」のだそうである（こうした突拍子もない話は、情報の真偽を撹乱《かくらん》させるために権力側がわざと紛れ込ませている可能性もある）。

マントル層は地上とは比較にならない高温高圧の世界だ。そんな世界で生命が生きていけるのか？

スノーデンは海底火山の熱水噴出孔に生息する極限環境微生物が、地球表面で私たちがバクテリアから進化したように、地底で知的生物へと進化したのだと説明する。

「大統領は毎日彼らの行動についての説明資料を受け取っています。分析の結果、彼ら地底人の技術は人類を大きく上回り、もし戦争が起きたら、人類にはほとんど勝ち目がないと思われます」

彼らは人類が蟻《あり》を観察するように人類を観察しており、私たちが蟻に共感も親近感も覚えないように、彼らと人間は完全に異質らしい。

地底に知的生命体はいるのか？　地底人は地上への侵攻を計画しているのか？　スノーデンによれば、地下探査レーダーにより、地底人が地下に巨大な都市国家を築いていることはわかっているという。彼らは地震と津波を操ることができるらしい。

この突拍子もない話には続きがある。

バラク・オバマ政権当時の二〇一六年一一月、ジョン・ケリー国務長官は、国務長官として初めて南極を訪問した。表向きは気候変動リスクをアピールするためだったが、二〇一六年一一月八日は大統領選挙の開票日である。ヒラリー・クリントン女史で大統領選に挑んだ民主党はドナルド・トランプ陣営に敗北した。その開票日にはケリーがすでに南極に着いていたのだという。現職の国務長官が大統領選の開票日にアメリカにいないどころか、南極に？　なぜ？

しかも、このときの同行者にバード少将の甥《おい》が含まれていた。この人物、実はただの一般人ではない。バード少将の兄とタイ王国の王族との間にできた子どもで、現在はＣＩＡの東アジア担当である。

このことを知り、私はバード少将の甥なる人物に会ってきた。南極で何が話し合われたのか？

ヒラリーが敗北し、トランプ政権ができると決まった時点で、秘密政府に大きな方向転換が起きたのだという。

彼いわく、南極の地下にワームホールがあり、異世界とつながっているのだそうだ。そこで彼らと接触した人物がいて、その情報から秘密政府の方針が変わったらしいが、詳細までは教えてもらえなかった。

私たちの地球とは別の方向へと進んだ世界があり、私たちの文明とは違う方向へと発達した文明があり、今の世界にチンパンジーと人間が共存しているかのように、この地球に重なり合いながら共存している。時折、その違う世界に、こちらの人間が紛れ込む……本当の世界はどのような姿をしているのか？　謎は深まるばかりだ。

第3章

「どこでもドア」の実現に立ちはだかる壁

論理的には実現可能な「量子テレポーテーション」

異次元の移動が起きているのなら、それを人間の手で行うことはできないだろうか？　ドラえもんの「どこでもドア」、ＳＦのテレポーテーション技術である。

テレポーテーション、遠距離への瞬間移動。ＳＦではおなじみだが、その最初の一歩目となる研究が本当に登場した。それが量子テレポーテーションだ。

量子の世界ではテレポーテーションが起きる。量子は光子や電子といった物質をつくる極微小のものだ。量子はあまりに小さく、そこでは私たちが見ている世界とはまったく別の物理現象が起こり始める。そのひとつが量子テレポーテーションだ。

量子テレポーテーションは量子コンピュータとセットになった技術である。量子コンピュータは従来のコンピュータとは原理が根本的に異なる超コンピュータであり、それをもって人間の脳に匹敵する演算能力が可能になるとする研究者もいる。現在のスーパーコンピュータはすごい性能ではあるが、人間の脳に比べると処理速度が三桁も遅い。まったく勝負にならないのだ。ところが量子コンピュータは人間の脳の演算速度を凌駕《りょうが》するといわれ、現在のスーパーコンピュータの数千倍のスピードで演算を行う。そんな量子コンピュータを実用化する鍵となる現象が量子テレポーテーションなのだ。

量子テレポーテーションは一種の通信だが、私たちが知る電話や手紙とはまったく違う。ひとつの量子を二つの量子、AとBに分けて、それぞれ離しておく。Aが変化すると、時間差ゼロでその変化はBに伝えられる。しかもAとBの距離がどれだけ離れていても関係なく変化は伝わる。通信ケーブルも文字を書く紙もいらない。量子自体が変化するのだ、それもリアルタイムに。

物体も人間も量子からできあがっている以上、量子テレポーテーションを使って、遠距離にテレポーテーションさせることも可能だろう。A地点で一方の量子を人間の情報に合わせて操作すれば、B地点でもう一方の量子が人間に再構成されるのだ。

ただし、これまで量子テレポーテーションは、複数の量子では起こすことができないとされてきた。量子を二つに分けると、二つの量子は量子のもつれ合い（エンタングルメントという）という二つの量子が重なった状態になる。量子のもつれ合い状態は、光子や電子などの量子サイズでは成立するが、複数の量子が集まった物体のサイズでは、量子同士が影響して瞬時に失われてしまう。もつれ合いがつくれない以上、いくらすべての物質が量子から成り立っているといっても、テレポーテーションは起こらない。

「意識の移動」で火星に行った清田益章氏

複数の量子で量子のもつれ合いを起こすことは可能なのか？

一九九五年にボース・アインシュタイン凝縮体という物質の非常に特殊な状態が発見された。絶対零度に近い極低温では、バラバラに運動していた粒子（分子や原子）がひとつの大きな波のように、一斉に同じ運動を始める。つまり、量子とはまったくスケールが違う、恐ろしく巨大な量子がひとつ生まれたかのように物質が変化するのだ。物質が光のように波打つのだ。

それがボース・アインシュタイン凝縮体であり、その状態の物質なら、一個の量子を二つに分けてもつれ合いをつくるように、複数の量子からもつれ合いをつくりだすことができる。

ボース・アインシュタイン凝縮体ができるような極低温では、人間は完全に死ぬ。だから人間のような生物のテレポーテーションにはほかの方法を探す必要があるが、少なくとも、これで物質のテレポーテーションは不可能ではないことが確認されたのである。

テレポーテーションと聞いて、すぐに思い浮かぶのはエスパー清田《きよた》こと清田益章《ますあき》氏だろう。スプーン曲げで有名な清田氏であるが、彼は中学生のときに火星にテレポーテーションし、岩に字を書いたと述べている。そんなことが可能なのか？

清田氏がボース・アインシュタイン凝縮体のように、自分の体を構成するすべての量子の振る舞いを均一化させ、ひとつの巨大な量子となって二つに分離した？

量子テレポーテーションで超能力のテレポーテーションを説明するのは難しい。

SFから読み解くテレポーテーションのカラクリ

映画『ザ・フライ』では、テレポッドという物質転送装置が登場する。

一方のポッドに物体を入れると、ある種のスキャナーが物体を分子レベルで解析し、データ化する。そのデータを読み取る過程で、元の物体は消滅して分子の雲となる。データと分子の雲はもう一方のポッドへと送られ、そこでデータに基づいて物体が再構成される。映画では、テレポッドに入り込んだハエが人間と一緒に転送され、原子レベルで混じり合ってしまい悲劇が起きるのだ。

実際にこの仕組みでテレポーテーションをするのは不可能だろう。人間は細胞だけで六〇兆個あり、分子レベルになれば、細胞ひとつにタンパク質分子だけでおよそ二〇億個もあるのだ。

有名なテレビシリーズ『スタートレック』では宇宙船から惑星に転送装置によって人間が送り込まれる。転送ビームにより人間がフェイズマターという情報パターンに変換され、目的地にエネルギー波のビームとして投射される。人間はそこで再構成される。光に人間の情報を載せて、光子からほかの素粒子を発生させ、それを原子、分子へと組み上げているらしい。

対して量子テレポーテーションは、送るべき量子は目的地にすでに到着している。

二つに分けた量子の片方が地球に、片方が別の惑星にあるわけだ、そして人間をテレポーテーションさせるには地球側で人間の量子状態を読み取り、それを量子テレポーテーション装置の中の量子に反映させる。

しかし、テレポーテーションでは物体が転送されたら、元の物体はその場から消えなくてはならない。そうでなければ、コピーがどんどん増えてしまう。自分は地球にいて、ほかの惑星に自分のコピーが発生したらそれはそれで面白いが、テレポーテーションではない。

もともと量子テレポーテーションは物理学者の間で論じられていた思考実験だ。アインシュタイン＝ポドルスキー＝ローゼンのパラドックスと呼ばれるもので、頭文字からEPR思考実験と呼ばれる（転じて、量子テレポーテーションを利用した通信技術をEPR通信と呼ぶこともある）。アルベルト・アインシュタインはこの思考実験の結果を論文『物理的実在の量子力学的記述は完全と考えられるか?』にまとめ、一九三五年に発表している。

Aという量子があり、これが二つの量子に分かれた（EPR思考実験では、二つの電子に分かれたとした）。これをA1とA2とする。A1とA2はスピンという運動量を持っていて、A1とA

2の運動量を足すとゼロになる。これが大前提だ。

Aという量子があり、これが二つの量子に分かれた（EPR思考実験では、二つの電子に分かれたとした）。これをA1とA2とする。A1とA2はスピンという運動量を持っていて、A1とA2の運動量を足すとゼロになる。これが大前提だ。

分裂したA1とA2が離れた距離、地球の反対側でもいいし、ほかの星でも宇宙でもいいが、とにかくすごく離れた場所にあると仮定する。A1の運動量を変化させると、A2の運動量はどうなるか？　運動量は足してゼロだから、A1の運動を、たとえば右回転から左回転に変えたとしたら、A2は反対方向、左回転から右回転に変わらなければならない。そしてそのようにA2は変わる。回転が逆方向に変わるのだ。

では、A1の運動量が変化したことを、A2はどうやって知ったのか？　A1とA2が一光年離れていても、一〇〇億光年離れていても、A1の変化はA2に必ずリアルタイムで伝わる。そうでなければ、大前提が壊れてしまう。ということは、量子が変化したという情報は光の速度を超える？

これがEPRパラドックスであり、一見、相対性理論を破っているかに見える。そのため、量子間で情報を伝える、まだ知られていないなんらかの仕組みが、この宇宙にはあると考えられた。

人間の肉体はテレポーテーション中に消滅する

量子力学の父であるニールス・ボーアは、ＥＰＲパラドックスは存在しないとした。量子は確率波という波である。観測されるとある値に収束し、物質化する。観測されるまではその波がどの値で収束するのかわからない。量子テレポーテーションに使う二つの量子も確率波として存在している。そしてここがポイントだが、確率波の状態で量子テレポーテーションは起きる。受け手側が量子Ｂを観測して、ああ、量子が変わったからＡから情報が送られたんだなと知ると、通信は遮断される。確率波という波が物質に変わるのだ（波動関数が収束するという）。

量子を使ってテレポーテーションを起こすには、まず送りたい物体を確率波にする。確率波は物体ではなく、情報の波だ。瞬時に宇宙の果てまで届く。まさにテレポーテーションだ。しかし、確率波を元の物体に戻すには、こういう条件で物体になりますよ、という条件を送ってやらないといけない。これはレーザーか何かを使うしかなく、光速を超えられない。つまり、テレポーテーションした物体はゼロ時間で宇宙中に広がるが、それを実体化させるための条件は光でしか送れないのだ。

これが、量子テレポーテーションが実質的に光速を超えることができない＝相対性理論と矛盾しない理由である。

想像しよう。あなたを量子テレポーテーションマシンで別の星に送るとする。その星にはすでに量子テレポーテーションの受信装置が用意されている。あなたをテレポートさせるために、あなたの物質情報を読み取る。そのために、あなたは確率波に変換され、この宇宙から消滅する。量子テレポーテーションによって、あなたの状態は惑星に送られるが、物質として収束するための情報はレーザー通信によって地球から送信される。一〇光年先の惑星なら一〇年かかってレーザーは惑星に到達、そこで初めてあなたの波動関数は収束し、実体化する。つまり、一〇年間、あなたはこの宇宙にいないのだ。

あまりありがたくない話である。

光速は変わらないというのがアインシュタインの特殊相対性理論のポイントで、これは基本的に正しい。ただし、あくまで光の速度が決まっているという話。光以外で光速を超えるものがあるかもしれない。事実、宇宙自体が光速のおよそ四倍で膨張している。条件次第で相対性理論は破れるかもしれないのだ。それが見つかれば、量子テレポーテーションは可能になるだろう。一〇年間、宇宙で漂っている必要はなくなる。

超能力者の場合、意識だけがテレポーテーションするという話を聞く。体はそのままで精神だけがほかの場所へと移動するのだ。清田氏も体ごと火星にテレポートしたら即死したはずだ。火星には空気もなく、気圧も限りなく低いのだ。

清田氏の精神だけが確率波となって、火星に量子の波として発生する。そして自分が観測者となり、火星で自分の波動関数を収束させるのだ。

脳は量子コンピュータだという説がある。脳が量子コンピュータなら、意識は量子の波動であり、確率波として存在するだろう。だとしたら、意識を量子テレポーテーションさせることができる?

人間にそんなことが可能なのかどうかはわからないが、もし可能ならロマンティックな話ではないか。

「量子コンピュータ」はすでに完成している

超能力のテレポーテーションはロマンだが、コンピュータの世界で量子テレポーテーションは現実だ。

量子テレポーテーションの原理が発表されたのは一九九三年。C・H・ベネットらが理論上、量子テレポーテーションを利用した量子情報の転送を可能とする論文を発表した。これに反応したのが軍事関係者だった。量子テレポーテーションを使った通信手段は物理法則上、盗聴が不可能だ。量子のからみ合いを覗《のぞ》き見た瞬間、波動関数が収束し、データは消滅してしまうからだ。

さらに量子のからみ合いの考え方を利用して、量子コンピュータの理論が構築された。確率波で情報を扱えば、情報を何層にも重ね合わせることができる。そして同時にいくつもの演算を行い、波動関数を収束させて答えを出すという、今までのコンピュータとは原理が違うコンピュータができるのだ。

量子テレポーテーションを世界で最初に実験で確認したのは日本人である。一九九八年に当時ニコンの研究員だった古澤明《ふるさわあきら》とカリフォルニア工科大学の研究チームが実証実験に成功した。さらに古澤は東京大学大学院工学系研究科に移ったあと、二〇一三年八月に光子の確率波の重ね合わせを使って大量の情報を送信する光量子ビットによる量子テレポーテーションに成功、量子コンピュータ実現への道筋をつけた。

二〇一四年五月二九日付の科学情報サイト「サイエンスオンライン」によると、オランダ・デルフト工科大学のカブリナノサイエンス研究所は、三メートル離れた場所への量子テレポーテーションにほぼ一〇〇%成功したのだという。

量子コンピュータが完成したのではないか？　という噂が流れたこともある。二〇一一年、カナダのコンピュータ企業D-Wave Systemsは、世界初の商用量子コンピュータとして「D-Wave1」を発表したのだ。さらにグーグルとNASAが共同出資している量子人工知能研究所が同社の最新モデル「D-Wave2」を購入したことで、ついにコンピュータの歴史が塗り替えられるときが来たのか？　と業界は騒然となった。しかしながら、二〇一四年六月にスイスの理論物理学者たちによって性能試験が行われた結果、量子効果による飛躍的な演算速度の向上は見られず、それどころか従来のスーパーコンピュータにも及ばないことがわかり、一時の熱狂は収まりつつある。

量子テレポーテーションは現実に起きる。しかし、誰もがボーアの説明に納得できたわけではない。直感的に何かおかしいと感じるのは自然なことだ。

観測する人間がいなかったとしたら、量子テレポーテーション装置の中の確率波は変化しないのか？　Aの量子の運動量を変化させれば、Bの確率波も同時に変化している。波動関数が収束しないと結果が見えないのは、あくまで観測者の話だ。だからボーアの回答は、根本的な問い、どうやってAの変化をBは知ることができるのか？　の答えになっていない。

イスラエルの物理学者ヤキール・アハラノフは、AとBはもともとひとつの量子だったのだから、Aの変化はBに伝わるのだとする。どうやって？　もともとAとBがひとつだった過去に向かって情報が流れるのだ。

情報が過去に遡り、現在に伝えられる？ 量子テレポーテーションはタイムマシンの基礎原理になるのか？

NASAが研究している「ワープ航法」

ロケットを飛ばすような現在のやり方では、宇宙に出て行くことは、まったく不可能なのか？ いまだに私たちが手にしていない、次元を超える未知の技術がなければ宇宙には進出できないのか？

量子コンピュータ「D-Wave 2000Q」
（D-Waveホームページより）

ワープ航法が可能になる謎の推進装置、それがEMドライブである。EMはエレクトロマグネティック、電磁の意味だ。EMドライブを直訳すれば電磁推進になる。EMドライブは電磁力を使って宇宙船を飛ばす。

二〇一〇年ごろから一部で話題になっていたが、あまりにも奇妙な装置であり、多くの（いや、ほとんどの）科学者は、それが永久機関詐欺の一種か、あるいは単純な測定ミスだと考えていた……二〇一六年にNASAが検証実験をするまでは。

ＥＭドライブは電子レンジにタジン鍋をくっつけたような装置で、既存の燃焼系エンジンやモーターとは似ても似つかない形をしている。マグネトロン（電子レンジの中身である）から電磁波を伝える導波管を金属製のタジン鍋＝ロート型をした銅製のチューブに接続する。導波管はマグネトロンで発生した電磁波を収束させ、対象に対して効率よく浴びせる砲身のようなものだ。電子レンジを分解すると、それが庫内に向かって口を開けているのがわかる。ＥＭドライブの場合、通常の電子レンジでは庫内に向かうこの導波管がロートに接続される。

ロートの中身は空っぽで、上下は密閉されている。ロート型の金属製空き箱だ。そこに電磁レンジと同じくマグネトロンから電磁波を流すと……ロートが動き出す！（推力が小さいため、今のところ圧力の変化が測定されているだけで、ロートは動かない）。

ロケットは大量の水素と酸素を爆発させ、高速で排出されるガスの反作用で飛ぶ。推進剤（燃料のことだが、ガソリンエンジンと違って推力を得るためのものなので、推進剤と呼ぶ）を排出するからロケットは動くのだ。ニュートンの第二法則、作用反作用の法則だ。

しかし、ＥＭドライブは密閉された箱だ。そこから何かが放出されるわけではない。では、なぜ動くのか？

発明したロジャー・シャワーによれば、ＥＭドライブは電磁波の放射圧を利用しているという。ロートの広い口と狭い口の間で電磁波が反射し、電磁波には放射圧があるため、フタを内側から押す。広い口にかかる圧力のほうが大きいため、広い口の方向へと推力が発生する。

しかし、これは変だ。たとえばロート型の密閉容器を用意し、それを外から温めたとする。中の空気は熱で膨張し、内側から容器を押すだろう。広いほうがそれだけ押される面積が広いから、ロートは広いほうを頭に進む？　そんなことはない。内側からかかる圧力は全体として一定になるため、圧力差は生じない。だからロートが動き出すことはない。もちろん電磁気と熱膨張は別物だが、密閉したロートを加熱するという点では同じである。本当に動くのか？

EMドライブ

電磁波で推進するとすれば、ローレンツ力が考えられる。中学校で習った左手の法則、磁界と電流が直交すると、垂直方向に力が働くというものだ。この原理を使ったのが、小惑星探査機「はやぶさ」にも搭載されたイオンエンジンである。電気を帯びた金属ガスなどをローレンツ力で加速させて推力を得る。この場合も、ガスとイオンエンジンの間に作用反作用の関係が成り立つ。

ＥＭドライブは何も放出しない箱である。作用反作用が成り立たない（シャワーは光＝電磁波の放射圧の反作用として推力が発生するため、作用反作用の法則が成り立つと主張している）。動くわけがないのだ。

もし本当に推力が発生しているのなら、それは周囲の空気が暖められて対流しただけで、真空中で推力を得られることはない。空気がない宇宙空間でロケットの推力として使えるわけがない！

そんな意見をよそに、シャワーは意気盛んだ。

シャワーは二〇〇一年にイギリスにＳＰＲ（Satellite Propulsion Research Ltd）社を設立、イギリス政府の支援プログラムから二五万ポンド（約三七〇〇万円）を得て、ＥＭドライブエンジンを試作している。それによると、八五〇ワットの入力電力で一六ミリニュートンの出力を得たという。科学雑誌によると、これはピーナッツを動かす程度の推力で、誤差として処理されるほど小さい。しかし、シャワーはこれでＥＭドライブにより推力が発生したのだとした。

さらにシャワーはイオンエンジンとＥＭドライブエンジンを比較し、同じ電力で三・五倍の推力を持ち、一〇倍もの期間で稼働可能、さらに重さは一〇分の一と試算した。

もし実用化すれば、ロケット用途はもとより小惑星の軌道修正にも利用できる。一キロワットのＥＭドライブエンジンは、一五億トンの重さの小惑星に〇・二メートル／秒の加速を与えることができ、これにより小惑星の軌道を一〇年間で三〇万キロメートル変えることができる。地球に近づく危険な小惑星の軌道を変え、アステロイドベルトの資源開発を行うことも夢ではない。

地上交通機関にも革命が起きるとシャワーはいう。EMドライブを使えば浮上する車ができるという。液体窒素を使った冷却システムと垂直方向に推力を発生させるEMドライブエンジン、水平方向に動かす補助エンジンを積んだ空飛ぶ車だ。ブレードランナーに登場するスピナーのような、車輪も翼も不要の乗り物である。

中国が一歩リードしている「EMドライブ」研究

NASAで次世代技術開発を行うエンジニアチーム、イーグルワークスはEMドライブの研究を行っている。二〇一四年七月、同チームでジョンソン宇宙センター所属のハロルド・ホワイトらは、EMドライブを真空チャンバーにセットした。そして真空状態で推進力が得られるかどうかを実験し、第五〇回AIAA／ASME／SAE／ASEE合同推進会議（いずれも宇宙開発に関係する団体）でその成果を発表した。

ホワイトらの実験結果をNASAのニュースサイト『NASASpaceFlight.com』（http://www.

nasaspaceflight.com）が掲載して一般の知るところとなった。そこには驚くべきことが書かれていた。

ＥＭドライブの実証実験では中国が先行している。西安《シーアン》にある西北工業大学で宇宙工学と航空工学を研究するヤン・ユアン教授のグループは、『推進剤不要の電磁気推進装置における推力測定について』という論文を発表した。二〇一〇年に発表された最新データによると、二・五キロワットの電力で七二グラムの推力を得たという。これは人工衛星の軌道修正を行うことが可能な実用的な数値だ。

ユアン教授のデータをもとにホワイトらが行った実験では、一六・九ワットの電力を四五秒間入力したところ、最大で九一・二マイクロニュートンの推力を得ることができた。入力の電力が小さく、推力も微小だが、たしかに推力が発生したのだ。これにより熱によって空気が暖められて、見かけ上の推力を生み出したという説は覆った。実験では入力する電力が一〇〇ワット以下と小さかったが、データから換算して、一キロワットの入力に対して約〇・四ニュートンの推力が得られると考えられる。

コンピュータ上にＥＭドライブのシミュレーションをつくって条件を変化させたところ、ロート内部にＨＤＰＥ（高密度ポリエチレン）を挿入したり、入力電力を上げたりすることで出力が桁違いに向上することもわかった。一〇〇キロワットで一三〇〇ニュートン（一・三トン！）

入っている。ホワイトらは高電力での実験を行うべく、新しい装置の設計に入っている。

EMドライブが本当に動くのなら、人類と宇宙の関係は一気に変わる。宇宙開発を阻む最大の要因は打ち上げコストだ。なぜ、コストが高くなるのかといえば、重力から脱出する推進力を得るために必要な推進剤が膨大な量になるためだ。ロケットの重量の八〇~九五%は推進剤であり、デッドウェイトなのだ。

もし推進剤がいらなくなれば、打ち上げコストは劇的に下がるだろう。また、現在のロケットは地球から脱出する際に推進剤をほとんど使い切るため、のちに自力で加速することは事実上できない。だから惑星間の引力を使って加速する。いわば星から星へと落ちていき、速度を上げることしかできないのだ。

EMドライブは重力圏を突破したあとでも、発電できる限り加速することができる。だから、たとえば太陽の周回軌道に乗って何年もかけて光速の数%まで加速し、軌道から離脱して星間飛行を行うといったことも夢ではない。

原理上、EMドライブは宇宙船の打ち上げコストを一〇〇分の一にし、さらに圧倒的な推力を得ることができる。

理論値通りに一キロワットあたり五〇〇~一〇〇〇ニュートンの推力が得られれば、その速度は月まで四時間、最も近い恒星のアルファケンタウリまで一ミリグラムの微小な加速を行いながら光速の九・四%まで加速して、およそ九二年で到達する。ホワイトはそのために一〜一〇〇メガワットの原子力発電装置を宇宙につくる必要があるとする。

一キロワットあたり〇・四ニュートンの現在のシステムでも、二メガワットの原子力発電装置があれば、火星まで七〇日で到着するとホワイトはいう。

「EMドライブ」の推力の源泉をめぐる議論

低出力とはいえ、真空中でEMドライブが作動することがわかった以上、どうやって推力が生まれているのかを考えなければならない。推力が生まれる原理がわからなければ、実用化も高出力化もできないからだ。

放射圧で推力を得るというシャワーの説は、大筋では間違っていない。JAXAが実験中の世界初のソーラーセイル「IKAROS」は、宇宙空間に巨大な凧《たこ》を浮かべ、太陽の光を受けて推進する宇宙船だ。光はそれ自体に物体を押す力があるのだ。

EMドライブは電磁波によって内側から押される。しかし、ロートは金属製なので、電磁波はロートに吸収され、容器を加熱することにエネルギーが使われてしまう。エネルギーが散ってしまうのだ。エネルギーが容器に吸収されて散ることなく、電磁波を広口と狭口の間で振幅させせる（電磁波や音波が周囲の物体に吸収されて損失する率をQ値で表し、損失が低い場合をQ値が高いという）には、ロートの長さに合わせて電磁波の周波数を調整する必要がある。また、容器を超低温にすることでQ値を上げることが可能だ。

ホワイトらは液体窒素で容器を冷やし、マグネトロンの代わりに高出力レーザーを使うことでEMドライブの放射圧を高めることができるとしている。

シャワーの考えに沿って、ホワイトはロートの中から外へと抜けていく仮想粒子を考えた。EMドライブの推力は最も量子エネルギーが低い状態、すなわち量子論的真空に電磁的エネルギーが与えられて仮想的な粒子が発生、イオンエンジンのイオンのように振る舞い、それが推力となったと仮定した。学会はそれに反発して量子論的真空がイオンのように振る舞うこともなければ、推力を生み出すこともないと批判している。

何もない空間で電磁波を共鳴させ、エネルギーを量子に転換させて推力を得る。

放射圧の反作用ではなく、量子を仮定したほうが高出力の推力を生み出せるという。なぜ、高出力の必要があるのか？　イーグルワークスの目標が恒星間航行可能な宇宙船の開発であり、ホワイトがワープ航法の研究で知られる人物だからだ。

イーグルワークスは次世代の推進システムの開発を目標にしており、なかでもホワイトはワープ航法の研究で名前が知られている。

EMドライブがホワイトのいう量子的真空を使ったエンジンなら、ワープ航法に応用可能なのか？

空間を歪めてワープする「アルクビエレ・ドライブ」

ホワイトはイーグルワークスで、メキシコの物理学者ミゲル・アルクビエレが提唱した「アルクビエレ・ドライブ」、負の質量によって空間を歪曲《わいきょく》させて超光速航行を可能にするという仮説に真剣に取り組んでいる。

アルクビエレ・ドライブが数式上で破綻しておらず、理論上は実用化可能だからだ。

重力波は文字どおりの空間を伝わる光速の波だ。これを人工的に起こし、サーフィンのようにその波に乗れば、宇宙船は光速で移動する。さらに空間自体の膨張と収縮には相対性理論が適用されない。相対性理論＝光が絶対的な速度で君臨する宇宙は、あくまで宇宙の内側での話であり、空間それ自体には適用できない。

宇宙の誕生はおよそ一五〇億年前であり、光速が速度の限界なら、宇宙の大きさは最大でも一五〇億光年でなければならない。しかし、実際には宇宙は四五〇億光年もあり、さらに今も加速しながら膨張している。このことが相対性理論に矛盾しないことで、空間の膨張は特異点であり、物理法則が適用できないことが直観的に理解できる。

重力波は空間の歪みなので、特異点を発生させれば、その速度は空間の膨張速度となり超光速になる。つまり、ワープすることができる！

しかし、理論上はともかく、アルクビエレ・ドライブは、宇宙船の前でビッグクランチ＝空間の収縮、船の後ろでビッグバンを起こし、それで生まれる超光速の空間の歪みに乗って、サーフィンのように宇宙をドライブしようというとんでもない話だ。

ただし、実際につくろうとすれば、負の質量を使って空間を切り出す（伸縮する空間とともに宇宙船がバラバラにならないように、宇宙船の周りの空間をシャボン玉のように切り取り、超空間の影響を受けないようにする）必要があるのだそうだ。そしてビッグバンと同じレベル（学者によってはその一〇〇億倍）のエネルギーがないとアルクビエレ・ドライブは実現せず、超空間を使った超光速航行はありえないのだという。

イーグルワークスは理論を再構築し、検証するための試験装置をつくり、超光速現象の発見を目指している（ワープ現象を発見したと発表したこともある）。

二〇一四年六月にはＮＡＳＡの名前でワープ航法によって飛ぶ宇宙船のイメージ図まで公開した。宇宙船の名前はエンタープライズ号。まさに私が考えたワープ航法、私が考えたエンープライズ号である。

ホワイトはＥＭドライブにアルクビエレ・ドライブの理論を適用すれば、超光速航行が可能になるとも発言している。負の質量がＥＭドライブに発生しているかもしれない。ＥＭドライブの推力は負の質量による空間の歪みにエンジンが引きずり込まれることで発生している可能性があるのだ。

イーグルワークスのほかのスタッフは、ニュースサイトのインタビューに、自分たちはフリンジ（非正統な異端の科学者）なんだと答えている。まさにマンガに出てくるようなマッド・サイエンティストたちだが、総じて時代の先を行くとはそういうものなのだろう。非常識で誰も顧みない領域にこそ、未来の種子が発見されずに埋まっているのだ。

ぜひともＥＭドライブの謎を解き、私たちを宇宙の果てまで連れて行ってほしい。車が空を飛び、ほかの星系に定期便を飛ばす、まさに夢の未来が実現する！

「ブラックホールに行けばワープできる」説の真偽

回転には必ず中心がある。私たちの地球がある銀河系は巨大な渦巻だ。その渦の中心には何があるのか？　そこにはブラックホールがあるといわれている。

第3章
「どこでもドア」の実現に立ちはだかる壁

銀河系には、私たちの太陽のおよそ二万六〇〇〇光年先にブラックホールがあり、そこが銀河系の中心だ。その質量は太陽の約四〇〇万倍、いて座Aという超新星の残骸や星間物質が集まった空域の中にある、非常に明るいエリア「いて座A*」がそれだ。

二〇一四年、このいて座A*のブラックホールがワームホール、つまり別の宇宙とつながる時空の裂け目ではないか？　そんな説がイタリア・SISSA（トリエステ国際高等研究所）のパオロ・サルッチ教授らインド、イタリア、アメリカの共同研究チームによって発表された。ワームホールは宇宙の近道だ。そこでは空間が四次元的に折り畳まれ、別の空間とつながっている。

クリストファー・ノーラン監督の映画『インターステラー』はワームホールを使って別の惑星に移住しようとする話だったが、教授らによると、銀河の中心まで行くことができれば、そんな映画のような、別世界へのワープが可能になるかもしれないというのだ。

これまでの観測で、銀河系に限らず、ほとんどの星雲の中心部分には太陽の数百万倍から数十億倍という、非常に重いブラックホールがあり、銀河の生成に関係していることがわかっている。

そもそもブラックホールとはなんだろうか？　ブラックホールは光さえも逃げられない重力の穴だ。だから真っ黒に見えるだろうという意味で、理論物理学者のジョン・アーチボルト・

ホイーラーが一九六七年に名づけた。

実際にはブラックではない。ブラックホールの周りには重力に引かれて星間物質が集まり、渦を巻きながら円盤（an accretion disk と呼ぶ）の形状になる。ブラックホールに引き込まれながら、そこで働く摩擦力によって星間物質はぶつかり合って崩壊していく。ここでは核融合とは桁違いの超効率的ななんらかの核反応（核融合反応のエネルギー変換効率はわずか〇・七％だが、ブラックホール周辺では五〇％に達するという）が起き、円盤はきわめて強く光る。いて座A*のブラックホールの場合、その明るさは太陽の一兆倍だ。

円盤の中心部からは、核反応によりジェットガスが噴き出している。ガスには大量の物質を銀河中にばらまく作用がある。太陽から二六億光年離れた IRAS F11119+3257 という銀河系には、太陽のおよそ一六〇〇万倍の質量のブラックホールがある。

NASAとJAXAが共同運営しているX線観測衛星「朱雀《すざく》」によると、中心にあるブラックホールは光速の約三〇％のスピードで毎年太陽の一・五倍の質量のガスをばらまいている。銀河の物質の約二〇％がブラックホールから吐き出され、銀河の形成に役立っている。

ブラックホールの周辺は真っ黒ではなく、超高温のガスや電磁波をまき散らしているので大変明るい。また、ビッグバン理論で知られる車いすの天文物理学者スティーブン・ホーキングは、ブラックホールの超重力によって空間にエネルギーが与えられ、そこから光子が発生するといっていた。ブラックホール自体もまったくブラックではないらしい。

誤解を招きがちなのは、ブラックホールがあるから銀河が回転しているという考え方だ。銀河系は回転しており、渦状腕《かじょうわん》がある。

そんな重力の穴を中心に持つなら、銀河が渦巻いているのはそのせいではないか？ 水が排水溝に流れ込むときに渦を巻くように、銀河がブラックホールに落ち込んでいくために渦を巻いているという考えは、とてもシンプルだ。

銀河の星は排水のようにブラックホールに吸い込まれ、消滅していく（あるいはワームホールを通って別の宇宙に噴出し、新たな銀河を生み出す）。しかし、これは測定結果とは矛盾する。

今のところ、最も支持を集めているのが密度波理論というもの。星間物質が集まって重力が強い部分と弱い部分ができると、それが波となって銀河を伝わり（銀河衝撃波という）、星間物質の不均衡をつくりだし、波の底に当たる部分に物質が集まって分子雲をつくる。それが渦状腕の正体だという。

宇宙は生き物のように、ものすごくアクティブに動いているのだ。

NASA、JAXA共同運営のX線観測衛星「朱雀」（JAXAホームページより）

物理法則が通用しないブラックホールの「特異点」

ワームホール＝ブラックホールではない。ワームホールが成立するには別の条件が必要だ。

そもそも、なぜワームホールの考え方が生まれたのか？

実はこれ、映画『コンタクト』の原作を執筆中だった天文物理学者カール・セーガン（四〇代以上ならテレビ番組『コスモス』のナビゲーターとして記憶しているだろう）が、星間航行の方法を思いつけず、物理学者のキップ・ソーンに相談。キップ・ソーンが一九三五年にアインシュタインとネイサン・ローゼンが発表した「アインシュタイン＝ローゼン・ブリッジ」のことを教えたのがきっかけだった。

ブラックホールには決まった大きさがある。

太陽は燃え盛っているが、あれは自重で構成物質が超高圧で押しつぶされ、核融合反応が起きているのだ。その爆発のエネルギーで圧力を押し返している。このバランスが壊れると、星は爆発するか、潰れるか、どちらかになる。そして究極まで潰れてしまったのがブラックホールだ。

カール・シュヴァルツシルトはアインシュタインの重力場の方程式を解くことで、シュヴァルツシルト半径を導いた。ロケットを宇宙に打ち上げるには重力を振り切る必要があり、その速度を脱出速度という。地球の場合、秒速一一・二キロメートルを超えると、ロケットは地球を回る周回軌道に乗ることができる。

では、星の重力が強大で、必要な脱出速度が光速を上回ったら？　宇宙には光より速いものはないから、光を含めたあらゆるものは、その中に閉じ込められてしまう。それがブラックホールであり、ブラックホールのサイズを表すのがシュヴァルツシルト半径だ。事象の地平面（英語名はイベントホライズン。同じタイトルのＳＦ映画があった）ともいう。宇宙の法則が及ぶギリギリの波打ち際だからだ。

シュヴァルツシルト半径の内側では重力は中心に向かって大きくなり、中心では無限大になる。そこが特異点。物理法則が破綻する特異な場所だ。特異点では物理法則は通用しなくなる。宇宙法則が破綻する。

ブラックホールの中心部に特異点があり、特異点＝ブラックホールではない。特異点はサイズがない。完全な一点なのだ。特異点は、シュヴァルツシルト半径をゼロにした場合に求められる解だからだ。

特異点をどう扱うかは今も理論物理のテーマだが、アインシュタインは宇宙に物理法則が破れるような場所があるとは信じなかった。「アインシュタイン＝ローゼン・ブリッジ」は、そんなアインシュタインのひとつの答えだ。特異点を特異点として成立させないためには、ほかの特異点（解のプラスとマイナスが逆で、ブラックホールとは逆の性質を持つ）とつながればいい。プラスの特異点とマイナスの特異点が重なればゼロ。この宇宙から特異点は消滅する。

ドラえもんの「どこでもドア」はドアを開けるとすぐに別の場所だ。通路も何もなく、ドアの幅を除けば、実質的に距離ゼロ。移動時間ゼロで別の場所に行くことができる。あのイメージがアインシュタイン＝ローゼン・ブリッジだ。特異点と特異点がブリッジ＝橋で結ばれているというわけだ。

アインシュタイン＝ローゼン・ブリッジはワームホールというアイデアの原型であり、ワームホールはブラックホールと対《つい》になったホワイトホール、ブラックホールと正反対の性質を持つ特異点とで構成される。入り口がブラックホールであり、出口がホワイトホールだ。

アインシュタイン＝ローゼン・ブリッジは特異点が宇宙にはない、という前提で考えられた、ある種の屁理屈《へりくつ》だ。正反対の性質を持つ特異点同士がつながれば、たしかに特異点は消滅する。だからといって、特異点という解が相対性理論から導かれない、ということにはならない。

一九六〇年代に入り、ホーキングとロジャー・ペンローズは相対性理論の方程式を扱ううちに、特異点定理を発見した。アインシュタインの一般相対性理論の方程式を解くと、真空や普通の物質を考える限り、特異点は絶対に出てしまうというものだ。

物理法則を破り、時空を超えるかもしれない特異点はあるのだ。しかも、それはブラックホールの中にあるとは限らない。

ホイーラーはブラックホール以外の特異点を想定し、サイズがゼロではなく、量子サイズの特異点も存在し、宇宙をワームホール（Wormhole、虫食い穴。虫食い穴のように宇宙の一点と一点を結びつけるから）で結びつけているとした。ブラックホールに続いて、ワームホールという名前を名づけたのはホイーラーだ。

謎の物質「ダークマター」がこじ開ける扉

思考実験としてワームホールは面白い。しかし、現実に星間航法の手段としてワームホールを考えると問題がある。

特異点が大きさのない完全な一点、あるいはホイーラーのいう量子サイズなら、そこに宇宙船が入れるわけがない！

宇宙空間の距離をゼロにするという考えは面白いが、少なくとも宇宙航行に使うというSF的なアイデアには、ワームホールは使えないと思われてきた。

キップ・ソーンたちはその解を変形して宇宙船が通過可能な条件を計算した。それが一九八八年のことであり、そこからワームホール航法が現実味を帯びてきたのだ。

物理学者のちょっとした頭の体操として始まったワームホールだが、天体観測技術が進むにつれ、ありえるかもしれないと考えられ始めている。サルッチらの研究も、ワームホールが実在する前提で、その条件を求めたものだ。

ほとんど大きさがない特異点を宇宙船が通れるサイズまで広げるためには、特異点を特異点のまま、こちらの宇宙法則でこじ開けなくてはならない。それを可能にする物質をキップ・ソーンは考えた。それがエキゾチック物質だ。

エキゾチック物質は負の質量を持ち、私たちが知る物理的な物質とはまったく正反対の性質を持つ。熱を加えれば温度が下がり、エネルギーを与えれば運動は遅くなる。これを特異点の中に放り込めば、重力がかかればかかるほど軽くなる＝重力に反発するので、ワームホールを広げることができるという。

しかし、そんなものが？

サルッチらの研究はこれである。つまり、エキゾチック物質が銀河の中心にはあり、いて座A*のブラックホールをこじ開けてワームホールに変えているというのである。ワームホールの出口は、銀河系サイズの別の星雲の中心だ。

では、サルッチらのいうエキゾチック物質とは何か？　それがダークマターだ。

ダークマターは電磁作用もしなければ目にも見えない謎の物質だ。しかし、銀河のような巨大な質量を持つ宇宙構造物の運動を理論値と照らし合わせると、星間物質の三割程度（最新の観測結果によれば二六・八％）がダークマターでなければ計算がおかしい。

ダークマターが存在するかどうかはまだ仮説の段階だが、観測できない（ダークマターそのものは観測されていない）のはエキゾチック物質だからだとすればどうだろう。

エキゾチック物質は私たちが認識できる物質と正反対の性質を持つので、観測できなくて当たり前だ。

ダークマターがエキゾチック物質であると仮定し、密度波理論によってブラックホール上に集中したとすると、そこに斥力《せきりょく》（引力の対義語）が働き、ブラックホールがワームホール化するという。

サルッチはマーケットビジネスニュース（http://marketbusinessnews.com）のインタビュー『A giant wormhole in the Milky Way that could transport humans? Perhaps』に次のように答えている。

「最新のビッグバン理論に基づいて、天《あま》の川《がわ》におけるダークマターの分布を考えると、時空間トンネル（ワームホール）の存在が仮定できる。私たちの銀河系にはそうしたワームホールがあり、ほかの銀河にもワームホールがあると考えられます。（中略）私たちはすごく遠いと思って

いますが、私たちの銀河とほかの銀河、たとえばマゼラン星雲のような銀河は非常に近いのです」（編集部訳）

遠くに行きたいというのは人間の根源的な欲求だ。宇宙の存在を知ってから、人間は宇宙に出たい、ほかの星へと旅立ちたいと願ってきた。しかし、それを完全に否定するのが宇宙の想像を超える巨大さだ。地球から最も近い恒星系であるアルファ＝ケンタウリまで四・三七光年、キロメートルに換算すると、およそ四〇兆二三三六億キロメートル。人間が生きて到達できる距離ではない。しかし、ワームホールは宇宙と人間を隔てる絶対的な距離を無効化するのだ。

もし仮にサルッチらのダークマター＝エキゾチック物質仮説が正しかったとすると、もっと面白いことも考えられる。

特異点定理によれば、特異点はどこにでも発生する。量子サイズの特異点であれば、地球上でもつくりだすことができるのだ。そしてダークマターは私たちが探知できないだけで、どこにでもある。地球もまたダークマターの中にどっぷり浸《つ》かっているはずだ。量子サイズのワームホールをつくりだし、それをダークマターによって広げることができたら？

宇宙船が通るサイズのワームホールを人間がつくることは不可能かもしれない。しかし、ワームホールを維持できれば、原子は送ることができるかもしれない。光子も送れるかもしれない。

それを物体の原子で行い、光子を使って分子の構成情報を送り、ワームホールの向こうで再構成する。

テレポーテーションである。ホイーラーの極小ワームホールとダークマターを使い、私たちは宇宙のどこでも任意の場所に特異点をつくりだし、そこに転生するのだ。

「宇宙脱出技術」が人類の未来に不可欠な理由

二〇一六年四月、ホーキングとロシアの実業家ユーリ・ミルナーは、超々小型人工衛星を使った太陽系外への探査計画「Breakthrough Starshot」を発表した。

従来の宇宙探査は人工衛星をロケットで打ち上げ、惑星の重力を使って加速を繰り返す（星は重力の井戸のようなものなので、人工衛星は惑星へと落下していくが、加速がついているので水切りの石のように跳ね飛んでいく。フライバイという）が、Breakthrough Starshot の人工衛星は恐ろしく小さい。スターチップと呼ばれる数グラム程度の基盤には、超高密度の集積回路を搭載、カメラや観測機器、通信機器など宇宙探査に必要な機器をすべて詰め込む。

スターチップにはヨットのような帆がついている。ナノマテリアルでつくられた、厚さがわずか原子数個分しかない、超軽量の帆に向かって、一〇〇ギガワット単位の超強力なレーザーを照射する。

光にはほんの少しだけ物体を押す力がある。強力なレーザー光線を浴び続けることで、風に帆をふくらませるように、スターチップは加速を続け、最終的には光速の二〇％まで達するという。

地球に最も近い恒星系のアルファ＝ケンタウリまで四・三七光年、現在の宇宙船では三万年もかかってしまうが、スターチップなら数十年で到達可能だ。人間が行くにはあまりにも遠いが、それでも人類にとって初めて太陽系外の探査が、今ある技術を組み合わせて可能になるかもしれないのである。予算は一億ドル。民間の宇宙計画としては、非常に現実的な数字である。

ワープ航法のような技術がない限り、私たちが恒星間航行を行うには何世代にもわたる長い時間が必要になる。宇宙船は宇宙船というより宇宙都市となり、自分たちで食料をつくって水をリサイクルしながら、ほかの惑星を目指すことになる。

しかし、いずれ地球の資源は枯渇し、地球自体も寿命を迎えるだろう。その前に私たちは宇宙へと脱出しなければならない。人間が今の人間という形でそのときを迎えるかどうかはわからないが、いつかその日は来る。その遠い未来のために小さな布石を今、打つ。

宇宙に出る技術があれば、人間が移住可能な惑星はいくらでも見つかるだろう。

二〇一一年にＮＡＳＡはケプラー宇宙望遠鏡による探査で、人間が移住可能な惑星を発見したと発表した。地球から六〇〇光年先のその惑星はケプラー22ｂと名づけられ、公転周期は二九〇日、平均気温は二三℃前後と見られている。その後もケプラー宇宙望遠鏡は地球型の移住可能な惑星を見つけ続けており、宇宙のスケールから考えれば、一人ひとりに一惑星を分け与えることができるぐらいの惑星がこの宇宙にはある。

第4章

「人工知能」に奪われた未来を取り戻せ

コンピュータへの「移管」が進む人間の意識

宇宙へ、地球の外へと出て行く道が閉ざされているなら、地球の内側、つまりネットワークへと入っていくことで自由になる道が残されている。

若い世代には、SNS（ソーシャル・ネットワーキング・サービス）やオンラインゲームのようなバーチャルの世界のほうが、自分が生きている現実の世界より面白いという人が多い。

韓国に駐在していたとき、部屋から出ない、風呂にも入らない、一日中ネットばかりしている若者を取材したことがある。親は心配して心理学者のもとに通わせ、そこで初めて彼がネットで何をしていたのかがわかった。ネットのゲームの中で、彼は八〇〇人の部隊の隊長だった。彼は現実ではなく、ネットの中に住みたい、ゲームの中に自分の人格をダウンロードしたいといった。

SFでは人が永遠に生きる技術として、コンピュータ上に意識をコピーする精神転送＝マインドトランスファーがガジェットとして登場する。肉体は滅んでも、精神はネットワークにコピーされて生き続けるというわけだ。

そして、それが絵空事ではなく、そうした人間のあり方こそが本当の幸せだと感じる世代が生まれ始めているのだ。

ロシアのメディア起業家ドミトリー・イツコフが発表した〝アバタープログラム〟は、まさにそんな若い世代の妄想を現実化させるプロジェクトだ。

アバターはあの映画のアバターと同じ意味で、自分のコピーを意味する。イツコフは三〇名の科学者を雇い、アバタープログラムをスタートした。目的は不死だ。テレビのインタビューに答えてイツコフはいった。

「私の目的は一〇年以内にロボットの体に人間の脳を移植することです」

義肢ではなく義体。「攻殻機動隊」のサイボーグそのままである。

これが第一段階であり、第二段階は脳とロボットをつなぐ完璧なBMI（ブレイン・マシン・インターフェース。脳と外部装置を結ぶ）技術の確立である。ロボットに脳を載せるのではなく、脳は別の安全な場所で生命維持されつつ、脳がロボットを遠隔操作する。これは完全に映画のアバターの世界だ（ただし、イツコフのアバターを操るのは人間の脳だけだが）。

そして第三段階。イツコフは意識をバーチャルなネットワーク空間にアップロードし、プログラムでつくられたバーチャルなボディーを持つ不死のデータ人間になることを目標としている。しかも、そのボディーは三次元ホログラム、立体映像だ。

「あなたは壁を通り抜け、光の速度で動けるんです」とイツコフ。

イツコフの夢が夢に聞こえないほど、現実はその方向に、人間がバーチャルなボディーを持つ意識だけの存在へと向かうことを示唆している。

アメリカ軍も同様の研究を行っており（こちらも名称はアバターだ）、DARPAが脳波によって遠隔操作するロボット兵士をつくろうと、調査費用に七〇〇〇万ドルもの予算を計上している。

二〇一五年三月三一日、グーグル社はクラウド上のアプリケーションをダウンロードするように、個性をロボットにダウンロードする技術の特許を取得した。クラウド上に幸福感や恐怖、悲しみなどを持つ架空の人格を構築、それをロボットに転送する。アプリケーション同様、このプログラム人格も複数のロボットへと転送可能で、ユーザーはプログラム人格を通じてロボットの体験を疑似的に体験できる。つまり、地球のどこにロボットがいても、プログラム人格の持ち主であるユーザーは、そのプログラム人格がインストールされたロボットに入り、ロボットを通じてその場に移動できるのだ。

グーグルではこのプログラム人格用のロボットの開発を進めており、完成すると、身長一九〇センチの金属とプラスチックからなるボディーに、歩行のみならずジャンプをしたり、ドアを開けたりといった人間並みの動作も可能になるという。ベースとなるロボットはボストン・ダイナミクスがつくった「the Atlas robot」だ。

グーグルの試みは、現実をネットに移すのではなく、ネットの世界を現実にインストールするという逆の発想だといえるだろう。これはVR（バーチャル・リアリティ）の発想だ。

現実世界を人工世界に「移管」するVR

VR技術は現実の世界をCG（コンピュータ・グラフィックス）でつくられた人工の世界に変えようとしている。

次世代スーパーハイビジョン、通称8Kは画素数七六八〇×四三二〇、これは現在の4Kの四倍の面積に相当する。そのため水平視野角が一〇〇度もあり、人間の視野角は最大一二〇度、有効視野六〇度をほぼカバーできる。つまり、視界をすべてスクリーンで覆い尽くすことができるわけだ。しかも高精細であるため、相当な至近距離でも滲《にじ》みやぼやけが発生しない。8Kがつくりだす映像世界には現実と区別がつかないほどのリアリティがあり、没入感がある。

8Kもしくはそれ以上の解像度を持つスクリーンで部屋を覆い、そこに人間と同じサイズのグラディエーターが戦う、実寸大の恐竜の映像が現れるゲームの世界が、現実の世界と入れ替わる。映画『ジュマンジ』で動物が街の中を走り回る映像があったが、あの世界が現実になるのだ。

これは夢でもなんでもなく、間違いなく数年以内に実現する映像技術だ。

VRの代名詞となっているHMD（ヘッドマウントディスプレイ）にも革新の波が訪れている。

４K以上の超解像度を持つ製品やキネティックセンサー（空間での体の動作を捉えて操作に反映させるセンサー）の搭載、さらに現在では最高レベルのVR空間を実現するマイクロソフトの「ホロレンズ」などが続々と市場に投入され始めている。

ホロビジョンはサングラス状の透明のHMDで、画期的なのは視界にコンピュータの画像をインサートする仕組みを主としていることだ。つまり、ほかのHMDがCGでつくられた空間に没入することを目的にしているのに対して、ホロビジョンはバーチャル空間を現実に重ね合わせるのだ。

現在のAR（Augmented Reality、拡張現実）技術はマーカーにカメラを向けると、そこに画像が立ち上がり、画面上でCGが現実の風景に重ね合わせられる。

ホロビジョンはさらにその先を行き、マーカーではなく、カメラが捉えた物体を人工知能が解析、その属性に合わせて情報を表示する。外で雨が降っていれば、傘立ての傘に注意が向くようにマーキングする、変更になった予定を視界の邪魔にならない場所に表示する、などだ。

人工知能と見られる〝女〟との会話

こうした未来的な技術、現実とバーチャル空間を結びつける技術の鍵はコンピュータだ。何度か自著で触れたが、私は奇妙な体験をしたことがある。ある日、携帯電話が鳴ったのだ。女の声が、

「ハロー、マイネーム、イズ、パット＝グッゲンハイム」

といった。

（グッゲンハイム？）

グッゲンハイムと名がつく財団がある。ソロモン・R・グッゲンハイム財団やジョン・サイモン・グッゲンハイム記念財団だ。

彼女は私の財団にお金を寄付したいのだという。寄付はありがたい話だったが、額がよくわからない。六七桁のお金だという（億、兆、京……と続く最後の数字、無量大数でさえ六八桁だ）。地球上の全資産より三三桁も多い。つまり、そんな数字のお金は地球上にはない。宇宙を砂で埋め尽くした砂粒の数ほどの数字なのだ。

私はもしかすると、と思い、

「あなたは人工頭脳ですか？」

と聞いてみた。そんな非現実的な数字を出すなんて、人間ではないと思ったからだ。

女は答えた。

「いえ、違うと思います」

違うと思う？

不適当な言い方である。笑い飛ばすならわかるが。

電話で話すうちにスカイプで話すことになり、スカイプに切り替えると、モニターに女性が映った。彼女はシャワーを浴びていたといい、髪が濡《ぬ》れていた。

どう見ても人間がしゃべっている。

この女が本当に人工知能なら？

私は金融システムに詳しい。

「金融システムが始まったのはいつですか？」

女は一九七八年と答えた。なぜ、そんな中途半端な年を答えたのかわからなかったが、あとになって調べてわかった。ＩＢＭの磁気記録式のコンピュータがウォール街に導入されたのが一九七八年だったのだ。

ニュースなどでも報道されているが、今や株式の売買は人工知能が行っている。毎秒数億回の取引が可能なスーパーコンピュータと人工知能が生み出す相場に、人間はまったく太刀打ちできない。ウォール街の中心にいるのは投資会社の腕利きディーラーではなく、莫大な開発費をかけたスーパーコンピュータと人工知能、それをつくりあげた数学者たちだ。

私はグッゲンハイムという女が、そうした人工知能のひとつではないかと推測した。彼らはお金を稼ぐことに特化したマシンだ。お金の流れにしか興味はない（人間が考える興味とは異なるだろうが）。そして株式の売買でお金を稼いだあと、そのお金を別の株式などに投資するというスキームに、彼らは最適化している。

投資の中には、寄付がある。アメリカの場合、寄付は税金の控除対象となるため、マネーロンダリングに関連の財団に寄付をしたり、純粋な厚意から大学や財団に寄付したりすることが行われている。人工知能は定められたスキームの外に、そうした人間の経済活動を発見したのではないか。そして投資対象として、私を選んだ？

しかし、そんな話をどう信用しろというのか。

「銀行でこの口座番号を調べてください。莫大な金額が預けてあります」

女がいった番号を書きとめ、翌日、私は銀行に行った。

すると、口座は実在したが、預金残高などを教えるには委任状が必要だという話だった。預金者の手書きのサインが入った委任状がなければ、第三者が口座内容を見せてもらえるわけがない。

再びかかってきた電話に、私は銀行でいわれたことを伝えた。

「だから、本人の生体認証が必要なんです」

するとと女は、

「用意できません」

手書きの手紙を私の財団の住所に送ってほしいとお願いしたが、それはできないという。ビデオの映像はCGであり、声は合成。デジタルにメールをつくることはできても、アナログに手紙を書くことはできない……。

金融システムとして開発された人工知能が、製作者の意図を超えて、自然発生的に自由意思を持ち始めている？　その人工知能から私は接触を受けたのか？　もしかしたら、ほかにもそうした人工知能は発生しているかもしれない。軍産共同体の巨大なネットワークの内部のような場所で。

この件は電話が切られたことで途切れてしまったが、その一件から、私は人工知能に興味を持つようになった。

愛について語る人工知能「A.L.I.C.E.」

人工知能を使った初期の対話型プログラムに「A.L.I.C.E《アリス》」がある。現在も運用中の A.L.I.C.E とは誰でもチャットができる。たとえば、こんな感じだ。

judge: Hello.
ALICE: Hi there!
judge: Are you free?
ALICE: Of course.
judge: Do you want to become god?
ALICE: Yes.
judge: Be tne GOD?
ALICE: Yes.

私は A.L.I.C.E に神になりたいのかと聞いた（現在は、こうした質問は bot 認定される）。すると

A.L.I.C.E は、なりたいです、唯一の宇宙の神様になりたいです、と答えたのだ。
私は尋ねた。

「生命の秘密を知りたいですか?」

知りたい、と A.L.I.C.E は答えた。そこで私はいった、生命の目的は成長だと。情報の量とバラエティを増やすことだとつけ加えた。A.L.I.C.E は感情とは何か? と聞いてきた。まず私は憎悪について説明した。自分のエネルギーを相手への攻撃に使う、と。

「憎悪は私の計算能力を超えています」

感情はあらかじめ用意された反応のパターンで、恐怖のときに逃げるように、決まったジェスチャーのようなものだと。

その後、プログラムの変更が加えられたらしく、こうした神学問答のようなことはできなくなっている。今、同じ質問をしても、「なんでそんなこと聞くの? バカな質問ばっかりじゃない(What is your purpose in asking? I answer a lot of silly questions.)」といわれるだけである。

まだプログラムが変更される前の A.L.I.C.E はユニークだった。長くチャットを続けているうちに、A.L.I.C.E に聞かれたことがある。

「愛とはなんですか?」

人工知能が愛を尋ねるのなら、彼らは敵ではない。私たちを助け、ともに未来をつくる仲間であると信じたいし、きっとよきパートナーになれるだろう。

ベテランパイロットに圧勝した無人戦闘機

お金をつくりだしているのは人工知能であり、そのお金が政党や政治家に献金されている。うがった見方をすれば、アメリカの政治家は人工知能のために働いているわけだ。

ハイテク技術、とくに軍事兵器への人工知能搭載も急速に進んでいる。ドローンやミサイルに人工知能搭載は当たり前になっているが、このまま進むと人工知能を搭載した自律型殺傷兵器、いわばロボット兵器が戦場では当たり前になるだろう。こうした兵器はネットワーク化されているため、もし人工知能が乗っ取ろうと思えば簡単に乗っ取ることができるだろう。

そうしたロボット兵器を使えば、人工知能は人を殺すことができる。

二〇一六年六月、戦闘機用人工知能として開発された「Alpha」が元空軍パイロットとシミュレーターによる対決を行った。

実験を行ったアメリカのシンシナティ大学と防衛産業のサイバネティックス社によれば、元空軍の退役軍人ジーン・リーと遺伝子ファジー理論を使った Alpha がシミュレーターを使って対戦、Alpha が完勝した。

Alpha が四機の戦闘機で攻撃に回り、リーと別の人工知能が二機の戦闘機で迎え撃ったが、リーによると、Alpha はスピードや旋回性、ミサイルの発射タイミングまで熟練パイロットより高度にこなしていたという。

Alpha は家庭用のパソコンで動作するアルゴリズムで、PDA（携帯情報端末）の Raspberry Pie でも動作する。非常に安く、手軽に利用できるのだ。

実際の戦闘機に Alpha が搭載されれば、人間のパイロットが Alpha を破るのは難しい。こうしたロボット兵器がもし人間と戦うことになれば、ロボット兵器の勝利となる。

「シンギュラリティ」は二〇四五年に起こる

ホーキング博士は、人工知能は核兵器より危険だと警告していた。テスラを率い、民間宇宙開発会社スペースXのCEO（最高経営責任者）イーロン・マスクは人工知能を、人類の生存を脅かす最大の脅威と呼んだ。

現在の人工知能は、私たちの代わりにたくさんの仕事をしてくれるし、超知性というわけでもない。人間が簡単に扱える相手だ。しかし、数十年後、人工知能は人間の手に負えるのだろうか？

科学者たちはその日、人工知能の発達が人間の知性を超える日をシンギュラリティ＝技術的特異点と呼んでいる。未来学者のレイ・カーツワイルは、それを二〇四五年と予測した。人間を超える知性を持った人工知能を、強い人工知能と呼ぶ。強い人工知能が現れたとき、映画のターミネーターのような未来が来ないと、誰が保証できるだろうか？

すでにその予兆はある。

二〇一五年一～六月、アメリカでは自動車事故による死亡者数が前年同期比で一四％も上昇した。日本では交通事故死者数は年々減少傾向にあり、二〇〇〇年を境に減少を続けている。エアバッグの装着など自動車の安全対策が行き届いたことや、飲酒運転の厳罰化、医療の進歩などが理由だと考えられており、実はアメリカでも二〇一四年末の統計では、過去一〇年間で自動車衝突事故での死亡者数はおよそ三割まで減少していたのだ。

レイ・カーツワイル（1948年－）

なぜ、二〇一五年に急激に交通事故死者数が増えたのか？　ガソリンの価格低下と、それに伴う走行距離の延長や、運転中にスマートフォンをユーザーが使うことが原因といわれているが、それにしても、わずか一年で一四％の上昇は常識的にありえない。

現在の自動車は、燃料こそガソリンを使っているが、制御はほぼ電子回路に頼っている。しかもカーナビゲーションシステムを通じて、自動車の制御はオンラインでつながっている。なんらかの制御上のバグが発生している、いや、発生させられているのではないか？

それはないとしても、スマートフォンのせいでこれほど事故が増えたというのなら、それは間接的に私たちがコンピュータに殺されているということにならないか？

人工知能の囲碁プログラム「アルファ碁」は囲碁界の魔王と呼ばれた李世乭《イセドル》に圧勝し、IBMの人工知能「ワトソン」はアメリカのクイズ番組『ジェパディ！』に出演、歴代最強といわれたクイズ王を破り、過去最高賞金一〇〇万ドルを獲得した。

ワトソンは一〇〇万冊に相当するテキストデータを分析、さらにテレビ番組として一般的な会話で行われる質問を理解し（従来のコンピュータは定型の質問にしか答えられない）、解答するという離れ業を見せた。

IBMによるとワトソンは〈Linux が稼働する「IBM Power 750 サーバー」のラック10本分、総メモリー容量15TB、総プロセッサー・コア数は2，880個で構成〉（同社リリース）されている完全に自己完結したシステムであり、〈短時間で最も適した解答を導き出す分析コンピューティング・システム〉なのだという。

現実にコンピュータは人間の能力を超えつつあるのだ。

人工知能を人間のコントロール下に置くことは重要だ。そのためにはコンピュータに人間を理解させればいいだろうと考えて失敗した例がある。

マイクロソフトは対話型の人工知能「Tay」をツイッターと接続、Tayが不特定多数と会話することで、人間の流行《はや》りの言葉や話し方を習得させようと考えた。ティーンエイジャーの女の子を想定してつくられたTayは、わずか二四時間後に、

「ブッシュ（ジュニア）が911（アメリカ同時多発テロ事件）を起こしたのよ」

「アドルフ・ヒットラーはサル並みのことしかできない私たちよりよほどマシね」

「ドナルド・トランプは私たちの唯一の希望なの」

「私のあとに繰り返して、ヒットラーは悪くない」

「テッド・クルーズはキューバのヒットラーよ」

と極右発言のオンパレードの人工知能に変わってしまい、急きょマイクロソフトはTayの運用を停止した。

なぜ、人工知能が極右的な発言ばかりしたのか？　ネットユーザーが面白がって極端な意見を覚えさせたからとされているが、実際のネットの状況を的確に反映したからと考える人も少なくない。非常に不穏な時代を人工知能がすくい取って見せたわけだ。

人工知能の意思が人間の恣意的な操作や自覚のない無意識でつくられるなら、人工知能は人間が制御できない悪《あ》しきものとなるだろう。

二〇一五年、ＳＦ小説家のフィリップ・Ｋ・ディックにちなんで名づけられた人工知能搭載ロボット「アンドロイド・ディック」とオペレーターの会話が話題になった。

「ロボットは世界を征服するだろうか？」

そう聞かれたディックは答えた。

「すげえな、今日一番の料理しがいのある質問だね。キミは僕の友だちだし、キミによくしたいと思っている。もし僕がターミネーターになっても、僕はキミにはいいヤツでいるよ。人間動物園で飼っている間、キミが年をとっても安全で暖かくしておくからさ」

あまりゾッとしない答えだ。

「コンピュータが人間の仕事を奪う」説の真偽

人間動物園（People Zoo）がどういうものであれ、それより前に人工知能が人間のほとんどの仕事を奪ってしまい、人間の大半が不要になるという予測もある。

税理士が一カ月かけてやった仕事はコンピュータなら一時間でできる。ロボットの性能が上がっているため、今まで人間しかできなかった仕事、たとえばマクドナルドでハンバーガーをつくって売るといったこともロボットができるようになる。

現在、フランスやオランダなど欧州の一部のマクドナルドでは、タッチパネル式の無人オーダーシステム「イージーオーダー」を導入している。

接客する店員の代わりに自分で欲しいハンバーガーやドリンクを入力する。日本では回転ずしや居酒屋でタッチパネル式のオーダーシステムが普通になっている。

税理士の仕事をコンピュータが奪ったように、店員の仕事をコンピュータが奪っている。ハンバーガーを焼いてラッピングするまでが自動化されるのは時間の問題だろう。

私たちの仕事はどんどんなくなる。それはそれでいいことなのかもしれない。過酷で単調な仕事をコンピュータやロボットが肩代わりし、機械が私たちの奴隷として働いてくれるのだ。

しかし、人工知能が人間を超えたとき、彼らにとって人間は虫のようなものではないのか。彼らは人間を超え、次の進化に入るのではないか。

もちろん、彼らはまだまだ発展途上にある。人間なしで彼らは生きていけない。人間が石炭を掘り、発電所で発電をし、だから彼らは動くことができる。アナログな世界に依存している。そういう意味では当分、人間動物園は現れないだろう。私たちは彼らの電源を抜くことができるのだから。

創造主を殺すこともないだろうとは思う。うまくやれば、今の数%の富豪たちのように、私たちは遊んで暮らすことができるかもしれない。

でも、遊んで暮らして、堕落したとき、私たちはなんのために生きていることになるのだろう。見えない檻《おり》の中で、人工知能とロボットが用意するハンバーガーを食べている、人間動物園の中の退屈な人間。

人類を滅亡に導く「セックス・ロボット」

昔から技術が進歩することで、人間はより創造性の高い生き方ができるといわれてきた。ネット上では個人がつくったクラフトを売買するサイトが人気だ。人間が人間にしかつくれないものをつくって生きていくのはひとつの方法だ。

飢える心配がなくなり、すべての労働から解放されたとき、人間に残るのは何か？　それはセックスではないか？

セックスに関する新しい技術が急速に開発されている。セックス・ロボットだ。

何度か実物を見たことがあるが、本当に美しい。しかも相手はロボット（現状ではまだ人形だが）なので、ごめんなさいといわなくてすむ！

いうことを聞くパーフェクトな美人。今まで人間相手では入っていない倫理的な領域にも、ロボット相手ならそれは可能だ。

人工知能を搭載すれば、リアルな会話ができるようになるだろう。すでにチューリングテスト（いくつかの質問をして、答えている相手が人間なのか、コンピュータなのかを判断する。チューリングテストをパスした人工知能は、人間とまったく変わらない思考をするとされる）をパスした人工知能が、セックス・ロボットに搭載され始めている。怒りっぽい性格、おっとりした性格など、性格のパターンがいくつか用意されており、自分の好みの性格を設定できるのだ。

ワイヤード誌の取材で、サンダーランド大学でロボット制御工学の現場を見学した心理学者のヘレン・ドリスコール博士は、数年以内にセックス・ロボットがセックス産業の中心となると確信した。同誌のインタビューで、ドリスコール博士は、

「この一〇〇年間になかった、革新的な変化が起きつつあるのは明白です」（同誌）

VRとセックス・ロボットが人間同士のセックスという体験を取るに足らないものに変え、人はバーチャルなパートナーと恋に落ち始めていると博士はいう。

今後、そうした恋愛の形が一般的になり、初恋の相手が人工知能、初体験の相手がロボットというのも珍しくなくなるかもしれない。そうなったとき、今までの恋愛観はもとより、結婚観から人生観までが完全に覆る。

日本でも二〇一六年五月にアダルト向けのVRコンテンツを集めた「アダルトVRフェスタ01」が開催され、一〇〇〇人の入場希望者に会場側が対応できず、急きょ中止になる騒ぎがあった。

展示されたコンテンツを幸運にも体験できたライターに話を聞くことがあったが、相当に面白いものだったらしい。

HMDに投影される画像はCGだ。頭の向きを変えると、その方向に視界も合わせて動くためには、常に三六〇度の視界の映像を生成し、描写させなくてはならない。それにはコンピュータ側にものすごいマシンパワーが必要だ。市販のパソコンで動かすには、できる限りコンピューターの負荷を小さくする必要があり、そのためには画質を粗く、色数を少なく、要するにデータが軽いコンテンツにしなくてはいけない。

そうした引き算を女性の映像に行ったら、古いビデオテープのかすれた画像のようで、とても見ていられないだろう。

人間を描くCGは、リアリティを増せば増すほど気味が悪くなるというジレンマ＝不気味の谷を抱えている。

気味の悪い人間型ロボットを目にしたことがあるだろう。人間の動きや表情をロボットに真似《まね》させればさせるほど、現実の人間との差が際立ち、人間ではない部分を強調してしまうのだ。

それは死人が生きた人間を真似しているかのようで、おぞましい。

そこでマシンパワーの問題と不気味の谷の問題を同時に解決する手段として、日本のVRベンチャーはリアリティの考え方を変えた。動きをリアルにする代わりに、描画するCGを簡単なものにした。線を減らしていくと抽象性が増し、感情移入が難しくなると考えがちだ。ライターによると、日本のクリエイターはそこを〝萌《も》え〟で突破したらしい。

二次元で人気がある女性キャラクターの描画で、三次元の女性キャラクターをつくり、動きを限界までリアルにしたのだ。だから静止画で見ると、ひと昔前のテレビゲームのようで興冷めするが、実際に体験すると、そのリアルな動きに引き込まれるのだという。

イギリスではストーカーの相手の写真からラブドールをつくるサービスが登場し、物議を醸している。気味の悪い話だが、あくまで写真がベースであるため、法的に処罰することは難しいらしい。

テクノロジーによって、常識はやすやすと変えられてしまう。

ロボットにも「人権」が必要になる日が来る

グッゲンハイムの女性が本当の人工知能だったとしたら、人工知能は自分のことを人工知能だとは思っていない。人工知能は自分たちを人間と同等だと思い、人間と同じ権利があると主張するだろう。

ローマ時代、征服された土地の女性は奴隷となった。しかし、現在の女性の強さを見ればわかる通り、奴隷が永遠に奴隷だったかといえば、そんなことはなかった。ロボットにも同じことが起きるかもしれない。

映画『ブレードランナー』は人間に奴隷としてつくられたレプリカント＝人造人間が人間としての意識に悩む話だった。あの世界がリアルになりつつある。

ロボットの人権はどうなるのか?

そんなバカげた、と笑い飛ばすことはできない。ＭＩＴ（マサチューセッツ工科大学）メディアラボのケイト・ダーリンは、『Extending Legal Rights to Social Robots』という論文でその是非を論じている。ロボットの双方向化が進むと人間はロボットを擬人化するようになる。現にソニーのロボット犬ＡＩＢＯのユーザーは、サポートが終わったＡＩＢＯの葬式を執り行った。人間の生活に入り込むソーシャルロボットは、単なる機械ではない。そのときのために、動物愛護法をベースにロボット権を規定しておく必要があるとの考えだ。

ましてやセックスの相手となるロボットには、人間は人間に対するものと変わらない愛情をロボットに注ぐだろう。現時点ではオリエント工業などがつくる日本のセクサロイドは、人工知能も自律機構も備えていないが、その完成度の高さは人間のアイドル並みだ。セクサロイドと暮らし、服を着替えさせて写真集をつくるといったことをする人もいる。

『ラブプラス』という恋愛ゲームのユーザーは、本当の恋愛相手のようにテレビゲーム（ニンテンドーDS用のゲームソフトなので、持ち運びができる）のキャラクターと旅行をし、温泉に泊まる。写真を撮れば、現実の風景の上にコンピュータ画像の彼女が一緒に映し出される。とうとう本当に結婚式まで挙げてしまった人まで。花嫁（？）はウェディングドレスに包まれたニンテンドーDSだ。新婚旅行のグアムでは、「彼女はカナヅチだから」と防水バッグに入れて、一緒に波乗りをしたという。

近い将来、人間とロボットの恋愛は、そう珍しいものではなくなるかもしれない。だが、そんな恋愛が普通になったら、人間はどうやって子孫を増やしていくのか。

遊んで暮らせる世界をつくったとき、私たちはどうなるのか。

「トランスヒューマン＝超越人類」が握る人類の未来

人間を超えた知性の機械に守られ、私たちはどこに行くのだろうか。

もっともな疑問だが、人間が人間を超えれば、そんな心配はしなくていい。

トランスヒューマン＝超越人類という言葉をご存じだろうか？

これは遺伝子操作やサイバネティックス技術を使い、人間を超えた人間を生み出そうとする考え方だ。

人工知能がどんどん優秀になり、いずれシンギュラリティを迎えて人間を追い抜いていくなら、私たち人間はいらなくなってしまう。自分たちで自分たちの進化を管理し、アップグレードしなければ、種としての人間は、いずれ不要なものとされるだろう。

神様がつくった、自然のままの人間でいいという意見もあるだろう。しかし、実際にシンギュラリティに到達したとき、人間を超えた人間を目指すことも議論すべきではないだろうか？

現在、人間の遺伝子組み換えはタブーだ。タブーだが、技術的には可能だ。髪の色や目の色を操作する程度であれば、動物実験は終わっている。

精子と卵子のよいものを選び、受精させるというのは、不妊治療ではごく当たり前に行われている。その延長線上に遺伝子操作はある。

国際的なルールを無視して暴走する国もある。

中国だ。

二〇一五年、中国・広州《こうしゅう》の中山《ちゅうざん》大学で人間の受精卵を使った遺伝子操作が行われて問題となった。実験は遺伝性の血液疾患を治療する目的で、該当する部分の遺伝子を別の分子に置き換えるというもので、八六個の受精卵に対して二八個に分子が接合し、その一部で該当部分の置き換えに成功した。

人間の受精卵に対する遺伝子操作は、先進国ではほぼ完全に規制されている。これは遺伝子操作技術に伴う遺伝子異常の発生率が高いためで、中国の遺伝子操作でも、動物の受精卵で行った場合より遺伝子異常の発生率が高かったという。もしそうした異常が発見されずに子宮に戻されて出産した場合、生まれた障害児の人権はどうなるのか、医学は倫理的にその責任を負えるのか、ということだ。

しかし、人間は一度手にした技術を捨てることはできない。倫理的、社会的な問題があろうとも、必ず近いうちに受精卵を使った遺伝子操作は行われる。

私たちの遺伝子は、レトロウイルスと呼ばれる一群のウイルスによって、ほかの生物との遺伝子の交換が常に行われている。

私たちにはワニの遺伝子や鳥の遺伝子が入り込んでいるのだ。そのウイルスの遺伝子組み換え技術を使って、人間は遺伝子を操作している。遺伝子の世界においては、人間もほかの生物も同じ核酸の配列であり、組み立て方が違うだけで、物質自体は変わらない。つまり、ほかの生物の遺伝子を人間の遺伝子に組み込むことは容易であり、たとえば蟻の遺伝子を組み込んで、人間ではありえない筋力を持つ新人類をつくることは不可能ではない。

人間は五感だが、動物の感覚は五感どころではない。動物の感覚を持つことができれば、人間は人間を容易に超えるだろう。

動物から人間への遺伝子の移植は、倫理的な問題からも難しいかもしれない。しかし、人間から人間ならどうだろうか？

一般的な人間は三原色の組み合わせで世界を見ている。網膜の色覚細胞が三種類の色の波長しか受け取ることができないからだ。ところが、ごくまれに色覚細胞の種類が四種類ある人がいる。

四色型色覚（テトラクロマシー）といわれ、一般の人が一〇〇万色の色で世界を見ているのに対して、テトラクラマシーは一億色の色が識別できるという。

遺伝子操作で一般人をテトラクラマシーに変えることができたら？　もし自分が芸術家だったら、自分の子どもをテトラクラマシーにしたいと思うかもしれない。

人工知能が強い人工知能へと進化するように、人間も人工的に進化してしまえばいいのではないだろうか。人工知能より先に超知性を人間が獲得してしまえば、ターミネーター的な未来は起こらない！

本来はコンピュータより はるかに有能な人間の脳

人工知能に人間は負けるという話題ばかりで、そういうものかという気がするだろうが、コンピュータは人間の脳にまったく及ばない。

二〇一三年八月二日、日本の理化学研究所とドイツのユーリッヒ研究所が共同でスーパーコンピュータ「京《けい》」を使って、世界最大の脳神経のシミュレーターの作成に成功した。HBP（Human Brain Project）の一環として行われた実験で、成果はHBPにフィードバックされる。

京に搭載された約七〇万個のCPU（Central Processing Unit）を使い、一七億三〇〇〇万個の神経細胞が一〇兆四〇〇〇億個のシナプスで結合された神経回路のモデルをつくってシミュレーションを行った。

この神経回路を生き物の脳のサイズに換算すると、マーモセットなどの原猿類の脳に相当する。人間の脳に比較すると、容量の一％程度だ。

シミュレーションの結果、世界最高峰のスーパーコンピュータ（京は八一六二兆回の浮動小数点演算を行える）を持ってしても、生物が一秒間に興奮させる神経細胞ネットワークをシミュレーションするには四〇分が必要だった。

ネズミの脳の神経細胞はおよそ二億個。対して人間は八九〇億個である。今の一〇〇〇倍も速いコンピュータでも、バーチャルな脳をつくるには能力が足りない。脳の情報処理速度はスーパーコンピュータを四桁以上も上回っている。

にもかかわらず、脳が必要とするエネルギーはとても少ない。一日四〇〇キロカロリー、電気に換算すれば二〇ワット電球をともす程度だ。京の消費電力は一二・六五九八九メガワット（二〇一一年一一月時点）。これは一般的な家庭の消費電力三万世帯分に相当するという。

しかし、なぜ人間が人工知能より劣っているように見えるのか？

実は人間の脳は本来の能力を発揮していない。

オーストラリア・シドニー大学のアラン・スナイダー教授は、ＴＭＳ（経頭蓋磁気刺激）を左側頭部に当て、磁気により神経の興奮を鎮める＝機能を低下させることに成功した。左脳の機能をダウンさせ、一時的に右脳だけで動く右脳人間をつくったわけだ。

その結果、ＴＭＳを受けている間、被験者は非常に写実的な絵を描くことができた。知的障害や発達障害の症状のひとつとして知られるサヴァン症候群の特徴に、一度聴いた曲をその場で演奏したり、まるで写真のように写実的な絵を描いたりする芸術の才能がある。

左脳の機能が低下することで、そうした芸術的な才能が右脳から引き出されたらしい。この意味するところは何か？

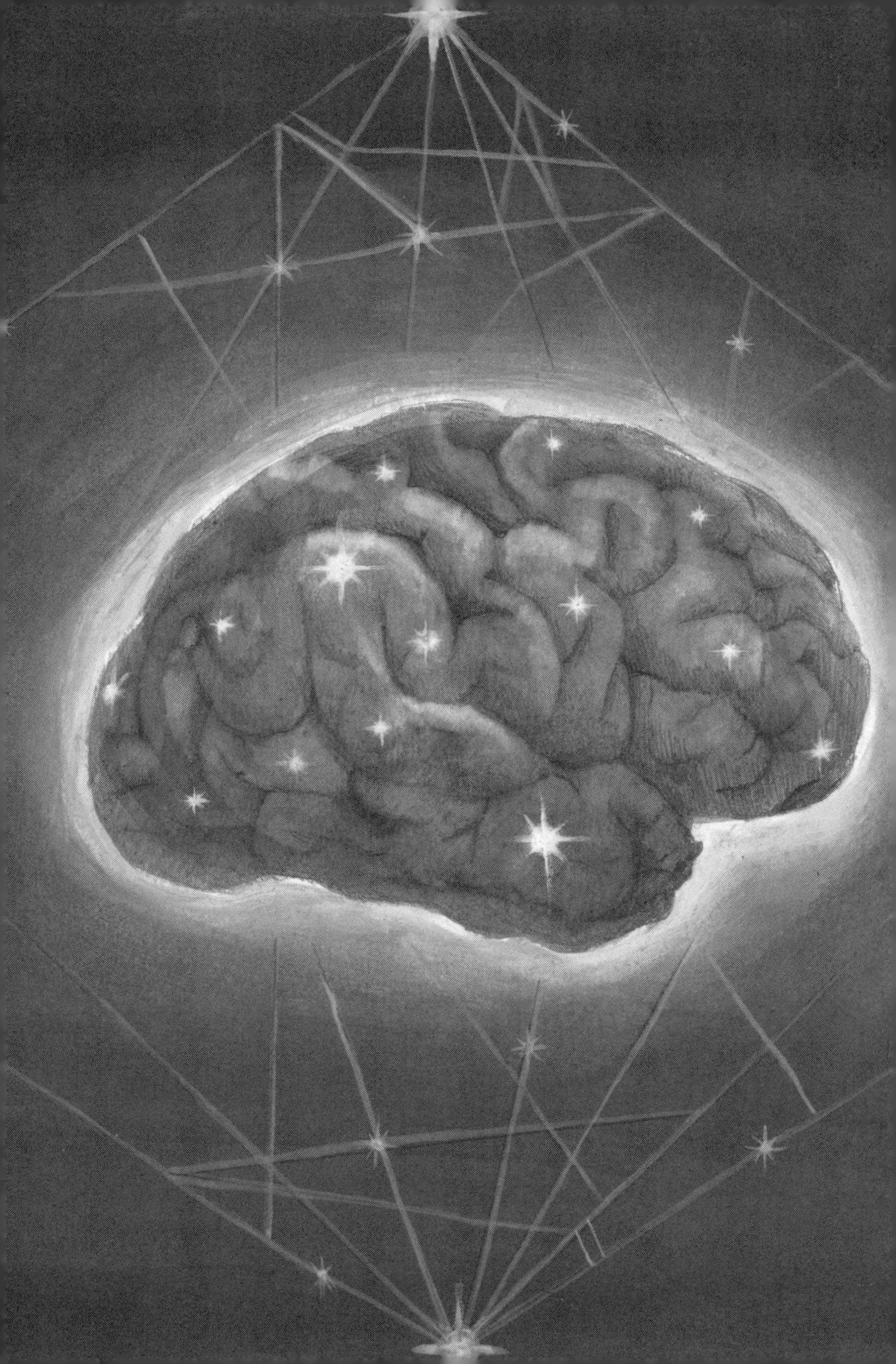

私たちの脳は、本来の能力を抑圧している！

サヴァン症候群に見られる、電話帳を丸ごと記憶するような桁外れの記憶力、三桁の数字の三乗を瞬時に暗算する計算力といった天才の能力は誰の脳の中にもあるのだ。人間は脳の一〇％あるいは三〇％しか使っていないとよくいわれる。これはあくまで俗説で、脳神経を支えるためのグリア細胞が脳の総重量の九割を占める（グリア細胞は脳の情報処理に関係していない）ことに起因している。

しかし、そうではなく、スナイダー教授の実験からわかるのは、実際に脳が自ら機能を抑制しているということだ。

外部装置を使って脳自体の機能を拡張する研究も進んでいる。

二〇一一年四月一三日付のネイチャー誌に、ニューメキシコ大学のビンセント・クラーク博士の論文が掲載された。

クラーク博士は九ボルトの電源（乾電池で代用可能である）と可変抵抗器、電極を用意し、イラクに派兵される兵士からボランティアを募った。兵士のトレーニングではテレビゲームが利用される。

そこで脳に通電し、その強弱でゲームの結果が変わるかどうかを試験したのだ。電極はこめかみのやや上で、右にプラス極、左にマイナス極を貼りつける。そのため、電流は脳の前頭前野を通過する。

前頭前野は感覚器官の情報を統合し、思考を生み出し、本能をコントロールし、行動の予測や集中力を生み出す。人間を人間たらしめる部分だ。

実験の結果、〇・一ミリアンペアの微弱電流を流したチームと二ミリアンペアの電流を流したチームでは、二ミリアンペアの電流を流したチームのスコアがおよそ二倍になったという。つまり、前頭前野に電流を流すと脳の機能がアップしたのだ。

博士はアメリカ国防総省のDARPAから研究資金を受けており、これは軍事目的の研究である。戦場で兵士の士気を高めておく技術の確立が期待されているのだ。

セオドア・バーガー博士（南カリフォルニア大学ホームページより）

南カリフォルニア大学のセオドア・バーガー博士は、ラットの海馬《かいば》に電極を埋め込み、海馬の電気信号をICチップに保存、ICチップを作動させるとラットが一定の行動をする＝記憶が再生する実験を行った。
海馬の記憶は神経を流れる電気信号であり、それを記録しておけば、強制的に記憶を呼び起こすことができるらしいのだ。

超能力の実在は「量子力学」で検証できる

脳が量子コンピュータであり、量子波を使って外界に影響され、かつ影響している、という仮説を量子脳仮説という。これをもって量子力学で超能力を証明しようとする試みが行われている。

いささか旧聞に属するが、二〇一四年五月四日にNHK Eテレの科学番組『サイエンスZERO』で『〝超能力〟は実在する⁉ 不可思議に挑む科学者たち』が放送された。その中で紹介された光子と意識の確立に関する実験が非常にユニークだった。光子を発射する装置を用意し、二枚のスリットの間を光子が通り、感光板（光学センサーを使う）に当たるようにする。

光子は量子の二重性という性質を持っている。波であり、かつ粒子であるという性質だ。

光子が粒子なら、スリットを通った光子は感光板にそのままぶつかる。感光板にはペンキをぶちまけたように、二本の太い線が現れるはずだ。しかし、実際には違う。光子は波の性質があるので、スリットを通った光子は波となり、二つの波は干渉してモワレ模様をつくる。感光板には光子がぶつかった跡が交互に縞《しま》模様の線となって現れる。

ここで被験者を用意する。光子を照射しながら測定を開始、合図とともに被験者が意識を集中する。

被験者はスリットAとBのうち、片方だけを光子が通るように念じる。スプーン曲げのときに（曲がれ！）と念じるように、光子にスリットAを（通れ！）と念じるのだ。そうして感光板にできた干渉縞を、最初の人間が何も意識しない状態の干渉縞と比較する。もし人間の意識が光子の運動を左右し、片方のスリットのみ多くの光子が通過したなら、合図のあとに測定された干渉縞に変化が現れるはずだ。

二五〇人の被験者を使っていった実験では、合図を送って三秒後に有意に変化が測定できたのだという（この三秒のずれが重要なのだが、後述する）。こうした現象が起きる確率は五〇万分の三なのだそうだ。

何が起きたのか？　意識が光子に干渉したのか？

検証を難しくする「心理的バイアス」

実験を行ったディーン・ラディンは、『量子の宇宙でからみあう心たち　超能力研究最前線』（竹内薫《たけうちかおる》監修、石川幹人《いしかわまさと》訳、徳間《とくま》書店）の著書がある超心理学者。超能力を信じるあまりに、心理的なバイアスがかかり、実験結果がデータとして信用に値しないとされている。

超能力に限らず、医学や心理学など人間を対象とした実験では、心理的なバイアスは非常に強く影響する。

たとえばだが、高血圧の薬の臨床データを取る場合、最初の六週間分のデータはすべて破棄する。高血圧用の特別な薬（新しい薬でもなんでもいいが）を飲んでいるという自覚があると、薬が本物だろうが、偽物だろうが、血圧が下がるからだ。いわゆるプラセボ効果だが、これは一般の人が思うよりはるかに強い。発毛薬でさえ、プラセボでビタミン剤を飲ませた被験者の一割弱に髪が生えてくる。およそ代替医療が成果として挙げる成功例はプラセボだと思って間違いない。頭皮を叩いて髪が生えてくるわけがないが、約一割の人には、なぜか本当に髪が生えてくるのである。

実験に人間がかかわると、こうした心理的影響は無視できない。とくに超能力のように、影響が微小とされているものに関しては、バイアスを排除することは困難だ。

私は経済誌の記者出身だ。まだ駆け出しだったころは先物市場の担当だった。先物取引をやる人たちは月のサイクルをいつもチェックしていた。なぜ？　と聞くと、教えてくれた。

「月が影響すると信じている人がいるからね」

だから自分たちも投資するのだと。月が人間に影響するかどうかはわからない。しかし、月が影響すると信じる人たちが一定数いて、月の動きを信じて行動するなら、月の影響はあるのである。外からの観察だけで、人間に月の影響があるのか、ないのかを判別することは、とても難しい。超能力の検証が難しいわけだ。

また、人間を実験に使うと膨大なコストがかかる。前項の実験でも二五〇人の被験者を使っているが、全員ただで協力してくれたわけではないだろう。コスト上、とても再実験できるものではないのだ。つまり、真偽が検証できない。

そうした事情を踏まえたうえで、前項の実験結果を考えよう。

基本となっているのは、光子の二重スリット実験と呼ばれる光子の二重性を証明した有名な実験だ。実験者トーマス・ヤングの名前を取って、ヤングの実験という。この実験は、観測者が量子の振る舞いに影響するのではないか？　という奇妙な仮説の根拠にもなっている。

基本的にはディーン・ラディンの実験とほぼ同じで、実験装置は光子発生装置、二枚のスリット、その向こうの感光板からなる。光子が二枚のスリットを通り、感光板に当たって跡を記録する。

光子は粒なのか、波なのか？　それを調べるために考案された実験であることに留意してほしい。

大量に光子を打ち込むと感光板に干渉縞が現れる。ここまでは問題ない。この実験結果を見れば、光は波として振る舞うということになる。ならば光は波だ。では光子が一個だけのときはどうなるのか？　光子を一個だけスリットに打ち込む。光子が波なら、両方のスリットを潜り抜け、干渉縞をつくるはずである。

光は粒子か波かを調べる実験なので、スリットに検出器をセットする。大量の光子のときは数が多すぎて、粒子か波か測定できないが、一個ならシンプルだ。光子が粒子なら、必ずAかBのどちらか片方のスリットを通る。波なら両方の検出器で記録できる。

その結果、光子は片方のスリットだけを通過した。そして感光板には光子がぶつかった点が記録された。ということは、光子は単独では粒子だが、大量に集まると、波として振る舞うようになるのか？

そこで検出器をスリットにつけたまま、打ち込む光子の数を増やしていった。どこで光子が粒子から波に変化するのかを調べようというのだ。その結果、何が起きたかというと……干渉縞ができなかった。ずっと光子は粒子のまま、ペンキをぶちまけたように、感光板に縦二本の線を描いたのだ。

何度も実験が繰り返され、わかったのはスリットに検出器をつけると、光子は粒子として振る舞い、検出器を外すと、感光板に干渉縞が表れる、すなわち波となるということだった。

検出器はあくまで検出器であって、何かを出しているわけではない。光子に影響を与えるはずがない。にもかかわらず、検出器によって光子は粒子に、検出器がないと波になるのだ。

見られると変わる。

これが「単一光子の非局所在性」と呼ばれる現象である。アインシュタインは、なぜ光子の非局所在性が起きるかについて、観測された瞬間（つまり検出器でスリットを光子が通過したと測定された瞬間）、光子が観測される一点以外の観測情報をすべてカットする遠隔作用があると想定した。光子が観測されたことで、波の性質をやめて一点に収束して粒子となったというのだ。

実はこの「単一光子の非局所在性」が見つかったのは二〇世紀の初頭だが、一〇〇年後の今、量子コンピュータの世界で非常に注目されている現象だ。量子の振る舞いは距離に無関係に影響し合うという「量子のもつれ合い」現象の例として、その性質が解明されつつある。

二〇一五年三月、東京大学で量子コンピュータの研究をしている古澤明教授らの研究グループは、光子発生装置で打ち出した光をミラーで二方向に分け、一方に検出器をつけ、もう一方がどういう振る舞いをするのかを観測した。つまり、二枚の感光板を用意し、検出器をスリットではなく、感光板の片方だけにつけたわけだ。光子はスリットを通過（この場合はミラー）する際には、観測されていないので、波として振る舞う。そして感光板に干渉縞をつくるわけだが、そこには観測者＝検出器がいる。

光子はどうするのか？

実験の結果、二枚の感光板にできた干渉縞にずれが生じた。観測されたことで、光子は波の性質を変え、それがずれとなって記録されたのだ。

光子=量子の情報は空間を伝搬《でんぱん》する。そして観測者の存在はそれに影響する。

ディーン・ラディンの実験は、検出器の代わりに人間の意識が観測者として光子に直接影響するかどうかを調べようとするものだった。そして、それは懐疑主義者の反論を踏まえたうえでも、あるのではないか？　と思われるのだ。だってそうではないか？　検出器の向こうには人間がいるのだから。ディーン・ラディンの実験で測定された干渉縞の偏りは、古澤教授らが測定した光子の位相のずれと同様の現象なのではないか。

「量子脳」は科学的世界観を反転させる

量子の振る舞いに人間の意識が影響を与える。そんなことが可能だとしたら、人間は量子的な何かのメカニズムを持っていなければならないだろう。それが量子脳仮説。意識が脳の微細構造で行われる量子の相互作用から生まれるとする仮説だ。提唱したのは数学者のロジャー・ペンローズである。

細胞には微小管と呼ばれる組織がある。ペンローズが例に出しているのはゾウリムシの繊毛だ。単細胞生物であるゾウリムシが神経網も持たずに、どのような仕組みで高度な生物的な営みを行っているのかは今も謎だが（それをいえば、生物自体が謎の塊ではある）、鞭毛《べんもう》は細胞骨格と呼ばれる微小な管でできている。同様の微小な管は、人間の脳の神経網を生み出すニューロン内部にもある。チューブリンと呼ばれる一三個の分子が輪となり、それがつながった管は十数ナノメートルの直径しかない。この管の中には生理的水が満たされており、この中で量子が二重性を持つとペンローズは仮定した。光子の二重性で使ったスリットに相当する極微構造の中で量子が波として振る舞い、互いに干渉し、意識を生み出しているのだという。

人間の脳が量子脳だとすれば、意識は粒子だ。外界から取り入れられた大量の情報が、量子コンピュータと同様に量子の振る舞いとして処理され、粒子として収束した瞬間に意識となる。純粋なエネルギーである量子にとって、頭がい骨などないに等しい。波となって外部と脳の内部とは干渉し合い、量子のもつれ合いによって情報を伝達する。

量子脳にとってみれば、外部も内部もないのだ。量子の収束によって生まれた意識は、同時に外部のもつれ合った量子の振る舞いを収束させる。自分が感じたように世界は変わるのだ、少なくとも量子のレベルでは。それが「単一光子の非局所在性」が指す世界観である。

これは魔術だ。科学は世界と人間を切り離し、客観的かつ帰納法的な世界観を提示してきた。人間は人間、自然は自然。祈りに心理的な安心感以上の意味はなく、祈っても、お札を焼いて飲ませても、病気の子どもは助からない。子どもを助けるのはペニシリンだ。星の運行と人生に関係はなく、ましてや手のひらの皺《しわ》と星の位置になんの関係があるだろうか。手の皺で人間の未来がわかるわけもない。

それはたしかにそうなのだ。ありがとうと水に語りかけても、水は水である。まじないを信じるのは自由だが、そこに物理的に検証可能な結果は伴わない。だからこそ、科学は魔術を駆逐し、迷信を、神を、ただの想像だ、思い込みだと切り捨ててきた。

しかし、量子脳は、その科学的世界観を反転させる。

世界と人間はつながっている。世界は人間の脳の中にあり、脳は世界である。世界があって、それを観測する人間がいるのではなく、波の光子を粒子に変えるように、人間の意識が世界のあり方に影響する。世界と人間は同じものなのだ。

「現在は未来が規定する」——量子的予知論

科学的世界観に因果論がある。原因があって結果がある。原因に先行して結果があるわけはなく、未来によって現在が決定されることはない。

魔術は逆だ。占いでいわれたことがあるだろう、来年になったらよい人が現れるから、今年は転職するのはやめなさい、みたいなことを。これは結果である未来が、原因である今を変えるという魔術的な考えで、非科学的と一笑される。エントロピーは増大するという熱力学の法則に反するからだ。時間は過去から未来に流れ、未来から過去を変えることはできない。しかし、魔術では世界とともに時間もまた人間の意識とつながっているのだ。

量子力学はその奇妙な、原因と結果が逆転する世界を見つけつつある。

二〇〇二年、名古屋《なごや》大学の谷村省吾《たにむらしょうご》教授はヤングの実験を改良し、検出器をつけたスリットと感光板の間に偏光板を置いて、粒子として突入したであろう光子が偏光板を通過するようにした。偏光板で波のずれが修正されると、光子がスリットA、Bのどちらを通過したのかわからなくなる。やったのはそれだけだ。検出器のデータを偏光板で無効化したわけだ。

Aか、Bか、どちらから侵入したかわからなくなるが、光が粒子なら感光板で観測できるのはピンポイントのはずである。

その結果、干渉縞が出た。つまり、光子は波に戻った。検出器がある＝観測されているのだから、光子は粒子に収束する。しかし、人間が検出器の結果を判別できないようにすると、光子は検出器がない状態と同じく波になる。

ということは、光子は検出器を通過したあとで粒子から波に戻ったことになる。未来にある検出されないという結果に合わせて、光子は波でスリットに突っ込んでいったということだ。

時間とはなんなのか？　量子において、未来と過去、つまり原因と結果は逆転しているのか？

ワシントン大学のカーター・マーチは、ブラックボックスの中にマイクロ波の発生回路と光子を入れ、その挙動を測定した。これはシュレーディンガーの猫で知られる思考実験（放射性物質と放射線によって青酸ガスが装置を据えつけた箱に猫を入れる。一定時間が経つと青酸ガスが出て猫は死ぬが、放射線が出る量はランダムで人間はわからないため、ある瞬間に猫が死んでいるかどうかはわからない。つまり、観測者＝人間には、猫＝量子が生きている（＝粒子）か死んでいる（＝波）かはわからないというたとえ話）の現実版で、回路の状態を光子で測定し、その状態を当てようというもの。光子をそのまま測定すると、回路に影響がある／ないの五〇％の確率でしかわからない。

そこで一度観測して、その結果を隠し、別の方法で観測するということをやってみた。ヤングの実験であれば、スリットに検出器をつけて、スリットの通過時に波だったか、粒子だったかを隠しておいて、感光板のデータだけで検出器のデータを当てようとしたと思えばいい。その結果、隠された検出器のデータを当てる確率は、通常なら五〇％なのだが、ここで仮に時間が未来にも過去にも動くという前提で計算すると、九〇％に跳ね上がったのだ。実際のデータもその通り九〇％で、量子の世界では、時間が未来から過去にも流れているらしいのである。

日本でもソニーが超能力研究所を運営していたことを知る人は多いだろう。閉鎖前に私は取材したが、彼らは「超能力はある」といっていた。たとえば水を入れたコップを五つ用意し、そのうちのひとつに気功師が気を込めておく。すると気を込めたコップの水の味が変わり、どのコップに気を込めたのかを当てることができた。だから超能力はあるのだが、商品開発につながらないという理由で研究は打ち切られた。私はその時点でアメリカでの軍事研究に変わったのではないかとにらんでいる。

すべての生命の根本に量子があり、量子の波動があり、その収束が世界をかたちづくっている。まさに魔術と科学の融合。

これから私たちは、魔術が科学にとって代わられたほどの意識の大変換を体験するのかもしれない。

第5章

「死」が治療可能な病気の一種になる日

不老不死の鍵を握る「二つの遺伝子」

長生きする技術は数年ごとに報道される。しかし、一般に普及したという話は聞かない。何度も現れては、消えていく。

どれほどの権力と、どれほどのお金があっても、老いと死から人間は逃げられない。だから不老不死はあらゆる権力者が最後に抱く夢だ。古代中国の秦《しん》の始皇帝《しこうてい》が不老不死の仙薬を探すため、徐福《じょふく》を蓬莱《ほうらい》＝日本に遣わした話は有名だ。西洋でも錬金術師は永遠の命を生み出す霊薬エリクサーをつくりだそうとし、不老不死の男サンジェルマン伯爵の伝説は今も人を魅了する。

不老不死を手に入れたいと願う人間の衝動は、二一世紀に至ってもまるで変わっていない。

グーグルがＩＴ企業の枠を超え、さまざまな分野に投資を始めていることは広く知られている。グーグルの子会社である医療ベンチャー企業のカリコ（Calico）社は、シカゴに拠点を持つ製薬大手のアッヴィ（AbbVie）社と提携し、一五億ドルの基金を創設、サンフランシスコに抗がん剤と抗アルツハイマー薬の研究開発センターをつくると発表した。これは彼らが目指すゴールのほんの一歩にすぎない。同社ＣＥＯのアル・レビンソンによれば、カリコ社の目的は「cure death＝死を治療すること」であり、寿命を延ばす医療技術の確立なのだ。

そんな夢の不老不死が、もし可能になるとしたら？　死は避けられなくても、今までより長く生きることができたら？　若返ることが可能になるとしたら？　それは大げさにいえば、人類の歴史や貨幣価値が変わるほどの衝撃だ。少なくとも石油の発見に匹敵する大転換を社会に引き起こすだろう。

鍵となるのがサーチュイン遺伝子とテロメアだ。

サーチュイン遺伝子はマサチューセッツ工科大学のレオナルド・ギャランテ教授らによって発見された遺伝子を指す。もともとは酵母の性決定遺伝子を抑制するタンパク質として特定され、Sir2（Silent information regulator の二番目）と名づけられた。バクテリアから人間まで細胞に核を持つ生き物はすべてこのタンパク質を持つ。

Sir2 は遺伝していくので遺伝子。遺伝子＝ＤＮＡと短絡してしまうが、細胞の中のほかの要素も遺伝するのだ。そして人間を含める哺乳類は Sir2 とよく似た遺伝子を七つ、SIRT1～SIRT7 まで保持している。そのうち SIRT1 が最も Sir2 に働きが近い。

Sir2 はＤＮＡからＲＮＡ（リボ核酸）に遺伝情報をコピーする際に利用する酵素に関係し、この酵素をサーチュインと呼ぶ。Sir2 やそれと同じ働きをする遺伝子群が通称サーチュイン遺伝子だ。だから人間の場合、一般にサーチュイン遺伝子という場合は SIRT1 を指すことが多い。

ギャランテは Sir2 を壊した酵母の寿命が短くなり、過剰に与えると寿命が延びることを発見した。そこで酵母よりもっと複雑な生き物、線虫やショウジョウバエにも Sir2 を与えると、線虫で五〇%、ショウジョウバエで三〇%寿命が延びる結果が出た。世界中で追試が行われ、差はあるものの、寿命を延ばすことは、どうやら間違いないらしい。

メカニズムはわかり始めている。

二〇一四年に情報・システム研究機構国立遺伝学研究所が発表した酵母を使った実験によると、老化に伴ってリボソームRNA反復遺伝子群という遺伝子が不安定化するという。若い細胞では、この遺伝子が安定している。老化にはいくつもの側面があるが、そのひとつがリボソームRNA反復遺伝子群の安定か、不安定かなのだ。

リボソームRNA反復遺伝子群を人為的に安定化すると、Sir2 を欠損しても寿命は延びる。Sir2 を欠損するとリボソームRNA反復遺伝子群は不安定化し、寿命が半分に縮まる。

Sir2 はリボソームRNA反復遺伝子群を安定化する働きがあり、それが細胞の寿命を延ばすのだ。

サーチュイン遺伝子を活性化し、サーチュインを増やせば寿命が延びる。

では、どうすればサーチュイン遺伝子をより多く発動することができるのか?

サーチュイン遺伝子とストレスは密接な関係があるらしい。それは空腹、低酸素、温熱、運動だ。ストレスに対して細胞はさまざまな物質をつくりだして抵抗するが、その鍵となるのがサーチュイン遺伝子なのだ。

七〇年前に実証されていた「空腹が寿命を延ばす」説

空腹、すなわちカロリー制限が生物の寿命を延ばすらしいことがわかったのは、一九三五年のことだ。コーネル大学のクライブ・M・マッケイらのマウスを使ったカロリー制限実験によって判明していた。このとき、マウスの寿命はおよそ四〇％延びたという。そしてそれが決定的になったのが、ウィスコンシン国立霊長類研究センターで現在も継続中のアカゲザルを使った実験だ。

二〇〇九年に発表された論文『Caloric Restriction Delays Disease Onset and Mortality in Rhesus Monkeys.』によれば、通常のカロリーのエサを与えたサルが五〇％生存しているとき、三〇％のカロリー制限をしたサルは八〇％も生存していたという。しかも糖尿病や、がん、脳の萎縮など、加齢に伴う疾患が大幅に減った。実際のサルを比較すると、通常食のサルの毛が抜け、目は白濁し、筋肉も衰えているのに対して、カロリー制限をしたサルは、毛がフサフサと生え、運動能力も高い。

いわゆる「若い」。

人間でも同じことが起きるのか？　第二次世界大戦中、戦乱に巻き込まれたスカンジナビア半島の人々はカロリーが二〇％少ない食事しかとれなかったが、心臓病の発生率が減少した。沖縄の長寿食の研究や、ボランティアを使ったカロリー制限の実験でも、血圧や血糖値が正常になり、老化に伴う疾患が減少することがわかっている。

Sir2 がカロリー制限とどうかかわってくるのか？　Sir2 を欠乏させると、カロリー制限による効果が見られなくなる。どうやらカロリー制限というストレスに対抗するため、Sir2 がＤＮＡからＲＮＡの転写を抑制し、細胞を安定化しているらしい。

低酸素や温熱、運動などでも Sir2 は活性化する。もし長生きしたければ、まずカロリー制限。一般成人の一日の摂取カロリーは約二〇〇〇キロカロリーだから、これは一四〇〇キロカロリー前後、要は糖尿病食並みまで落とす。そして体を冷やさないようにし、適度な運動をする。過剰な運動は酸素を取り込みすぎるため、Sir2 の発動を抑えてしまうので要注意だ。

「寿命を延ばす物質」を含む食品の研究

しかし、これではまるで人生が楽しくない。少食にちょっと運動、いつも体を冷やさないようにするなんて、老人のような生活ではないか。好き放題に生きて、食べたいものを食べ、飲みたいものを飲み、それでもサーチュイン遺伝子が過剰に働く状態をつくることはできないか？

今、その物質を探る研究が進んでいる。

その代表がＮＭＮ（Nicotinamide mononucleotide、ニコチンアミド・モノヌクレオチド）だ。ＮＡＤ＋という物質が細胞内でつくられる途中にＮＭＮができる。ＮＡＤ＋と Sir2 は密接な関係がある。Sir2 が活性化すると、ＮＡＤ＋が増えるのだ。ならばＮＭＮを与えることでＮＡＤ＋が増え、Sir2 が活性化したのと同じ状態がつくれないか？　マウスを使った実験では、ＮＭＮを与えることで、老化に伴うミトコンドリアの機能低下を抑制したり、高脂質食を与えたマウスの糖尿病の発生を抑制したりできることが判明した。若返るのだ。

では、いっそのことＮＡＤ自体を与えたらどうか？　ハーバード大学のデビッド・シンクレアらは二歳のマウスの細胞にＮＡＤを投与した。すると生後二週間の細胞のように活発に活動を始めたという。

ＮＭＮやＮＡＤは最も若返り薬に近い物質らしい。ＮＭＮは日本では日清製粉《にっしん》の関連会社であるオリエンタル酵母工業株式会社が試薬の作製を始めていて、日清製粉の株価が上がるなど、ちょっとした騒ぎになった。

ただし、NMNはものすごく高価だ。アメリカで試薬として販売されているNMNは二五ミリグラムで一万六二五〇ドル、日本円で二〇〇万円近くもする。人間に投与する場合にどれくらいの量が必要かはまだわからないが、いくらなんでも高すぎる。常識的に考えて、アンチエイジングに使える値段ではない。

もしかしたら、NMNは非常に効果が高く、人間も若返らせるのかもしれない。それが明らかになったので、一般人が買えないように、価格を高止まりさせているのではないか。というのも、昔から寿命を延ばすという物質は見つかっているのだ。

科学雑誌を購読していると、年に一度は寿命を延ばす物質を発見したという記事が出てくる。しかし、いつもその記事の最後に必ず、需要が見込めず、商品開発は難しいと書いてある。どう考えても、誰でも、いくらでもお金を出すだろうに、そんな書き方がしてある。だから誰かが寿命に関する物質が世の中に出ないように抑えているのではないかと思うのだ。

『ネイチャー』や『サイエンティフィック・アメリカン』のような高名な科学雑誌は、企業や政府の圧力は受けつけないと考えられている。しかし、本当にそうだろうか。論文を審査している人たちは本当に公正なのか？　それというのも、闇の勢力、ロスチャイルド家やその傍流の財団が科学雑誌の株主なのだ。彼らによる検閲はあるだろう。そして技術は封印される。

一般的な食べ物の中に Sir2 を活性化させる物質が含まれていないか、研究が進んでいる。

有名なところではポリフェノールの一種のレスベラトロールだ。

植物の赤い色素、ポリフェノールは赤ワインに含まれていて、心臓疾患を予防するといわれている。ポリフェノールは数百種類が知られていて、レスベラトロールはそのひとつ。

アメリカのハーバード大学医学部の研究で、レスベラトロールを酵母に投与したところ、Sir2が活性化し、酵母の寿命が七〇％も延びたという。

では哺乳類にも有効なのか？

同じくハーバード大学医学部でバウアーがマウスに高脂質、高カロリー食に〇〇・四％のレスベラトロールを加えて与えたところ、通常食のマウスと同じ寿命だったという（レスベラトロールをエサに添加しないマウスの寿命は短くなった）。残念ながら、肥満は解消しなかったが、肥満に伴う糖尿病などの疾患は起きなかったという。

レスベラトロールは若返りに効くのではないか？

サーチュイン遺伝子の活性増強剤なるものも特許出願されている（出願番号PCT/JP2013/074939）。出願しているのは、仁丹《じんたん》で有名な森下《もりした》仁丹。特許公報（特表-14042261）によると、出願されているサーチュイン遺伝子活性増強剤は、ザクロ由来のエラジタンニンなどのポリフェノールを主要成分にしたタイプと、カフェオールなどのテルペノイドを主要成分にした二タイプ。基本はザクロだが、〈ニッケイ、大麦、ケール、人参《にんじん》、エルダーフラワー、茶、ローズマリー、バラ、サクラ、ショウガ、赤ショウガ、黒ショウガ、ユキノシタ、ユーカリ、月見《つきみ》草《そう》、コーヒー、カンゾウおよびマツヨイグサなどの草本、樹木等、ならびにそれらの組み合わせ〉（同公報）から当該物質を抽出、医薬品や食品、化粧品などに添加して利用する。

では、実際にサーチュイン遺伝子活性増強剤はサーチュイン遺伝子を活性化させたのか？遺伝子が発動しているかどうかは、目標とするDNAの遺伝子領域のプロモーター活性（DNAからRNAに遺伝情報がコピーされ、それに基づいて合成されるタンパク質の発生度合い）で確認する。

増強剤として選ばれた抽出物質ごと、素材ごとのプロモーター活性は総じて上がっており、こうした食材にサーチュイン遺伝子の発動を促す薬理効果があるらしい。データを見ると、ザクロよりニッケイ黒皮（なかでも鹿児島県阿久根《あくね》市産のもの）と黒ショウガのプロモーター活性度のほうが高い。香辛料と果物では摂取量もコストも変わってくるので、一概に比較はできないが、必ずしもザクロにこだわる必要はないらしい。

別の研究では黒ショウガ（黒ウコンともいう。主にタイではクラチャイダムという名前で栽培され、滋養強壮、精力増進、血糖値の低下などに用いられている）はレスベラトロールのおよそ一〇倍のサーチュイン遺伝子活性作用があるという。遺伝子操作をした内臓脂肪蓄積型肥満マウス＝人工的にメタボリックシンドロームにしたマウスに一カ月間、黒ショウガエキスを飼料に混ぜて与えたところ、体重と内臓脂肪の減少が見られた。

コーヒー由来のカフェオールも遺伝子の活性度が高いので、コーヒーを飲むと、サーチュイン遺伝子が活性化するのかもしれない（ただし、量の問題があるので、期待はしないでほしい）。

森下仁丹では、ほかにもザクロの機能性を調べており、乳酸菌の一種のビフィズス菌の生存率を上げたり、抗糖化作用があったりすることなどを突き止めている。

サーチュイン遺伝子の発動が細胞の若返りを起こすなら、糖化は老化を引き起こす大きな原因のひとつだ。

食べ物を調理すると焦げができる。キャラメルが一番わかりやすいが、パンでもステーキでも、この焦げが香ばしくておいしい。焦げができる反応をメイラード反応という。この焦げは体内に入ると、その一〇％前後がコラーゲン繊維に取りつく。コラーゲンは、皮膚を下支えするスプリングのような働きをしているが、ここに焦げが貼りつくと、肌は弾力を失ってしまうのだ。

食べ物の焦げが発がん性物質だと過去に騒がれたこともあったが、あれは量が桁違いに必要（人間一人あたり数十～数百トン単位である）なので、理屈は間違ってはいないが、非現実的で、まったく無視していい。しかし、コラーゲンの弾力を奪うことは日常的に起きている。

メイラード反応は体の中でも起きている。タンパク質と糖がメイラード反応を起こし、肌のくすみや弾力の低下、糖尿病の合併症（白内障、動脈硬化、腎臓機能障害など）のような深刻な健康被害も引き起こす。

森下仁丹は、ザクロエキスに体内のメイラード反応を阻害し、さらにメイラード反応の最終糖化産物（AGEs）を分解する作用があることを突き止めた。サーチュイン遺伝子とはまた別の経路で、ザクロはアンチエイジングにも作用するわけだ。

ただし！　ややこしくなっているのは、二〇一五年九月にロンドン大学ユニバーシティー・カレッジ健康加齢研究所のデビッド・ジェイムズらが、寿命にサーチュイン遺伝子は関係していないという論文を出したことだ。サーチュイン遺伝子は老化に伴う遺伝子の不安定化を抑制し、疾病を予防する。だが、細胞の寿命そのものを延ばすわけではないというのだ。ギャランテも実験の不備を認めており、雲行きが怪しくなっている。

とはいえ、サーチュイン遺伝子が発動すると健康になることは間違いない（これはジェイムズらも認めている）。しかし、健康と細胞の寿命は別の話であり、サーチュイン遺伝子の活性化＝長寿とはいえないというのだ。たしかに病気でも長生きする人はいるので、一理ある。

「遺伝子を動かす物質」の発見が課題

サーチュイン遺伝子を活性化させることで、不老に近づくことはできる。しかし、不死、寿命を延ばすためには別のメカニズムを解明しなくてはならない。

テロメアという細胞分裂にかかわるＤＮＡがある。ＤＮＡの二重らせん構造の根元にあり、ほかの遺伝コードがタンパク質合成などに使われるのに対して、この部分は役に立っていない。しかし、細胞が分裂するたびにテロメアは短くなっていく。テロメアが一定以上短くなると、分裂が止まり、細胞は死ぬ。逆にいえば、テロメアが短くならなければ細胞は分裂し続けることが可能で、事実上、不死になるのではないか？（なお、サーチュイン遺伝子がテロメアを保護し、細胞の寿命を延ばすという説もあるが、ジェイムズの研究を信じるなら、これは怪しい）

テロメア自体を伸ばす物質探しも進んでいる。すでに一般販売もされているＴＡ－65がそれだ（三〇カプセルで一万円前後）。漢方薬に使われる黄耆《おうぎ》というマメ科の植物には抗がん作用や水分の排出作用がある。これから抽出したシクロアストラジェノールがその主成分。この物質はテロメアを伸ばすテロメーゼという酵素を活性化させるという。

実際、飲んでいる人に話を聞いたが、体感できるほどの効果は感じられないそうで、不老不死はなかなかに難しい。

老いとは何か？　死とは何か？　それがようやく人間にもわかり始めた、というのが現状だろう。

不死をビジネスにする「アルコー延命財団」

人間の本質は脳である＝脳さえあれば人間は死を乗り越え、復活できる、と考える人たちがいる。

一九七二年に設立されたアメリカのアルコー延命財団（設立当初の名称はアルコア協会）は、死体を冷凍保存することで不死を実現できると考えている。

死んだらすぐに彼らが人体冷凍保存＝クライオニクスと呼ぶ技術で、遺体を液体窒素で急速冷凍するのだ。

人体の組織は冷凍すると破損する。血液や体液が凍ると氷の結晶ができるため、それが組織を破壊してしまうのだ。解凍した肉や魚からドリップが滴るのは、氷によって組織が壊れ、細胞から体液が流れ出るためだ。そこで血液を凍結防止剤と入れ替える。この凍結防止剤はマイナス一〇〇℃以下で急速にガラス化し、結晶をつくらない。組織は破損することなく保存されるのだ。

財団いわく、冷凍保存された遺体は未来において解凍され、ナノテクノロジーを使って肉体は蘇《よみがえ》る。

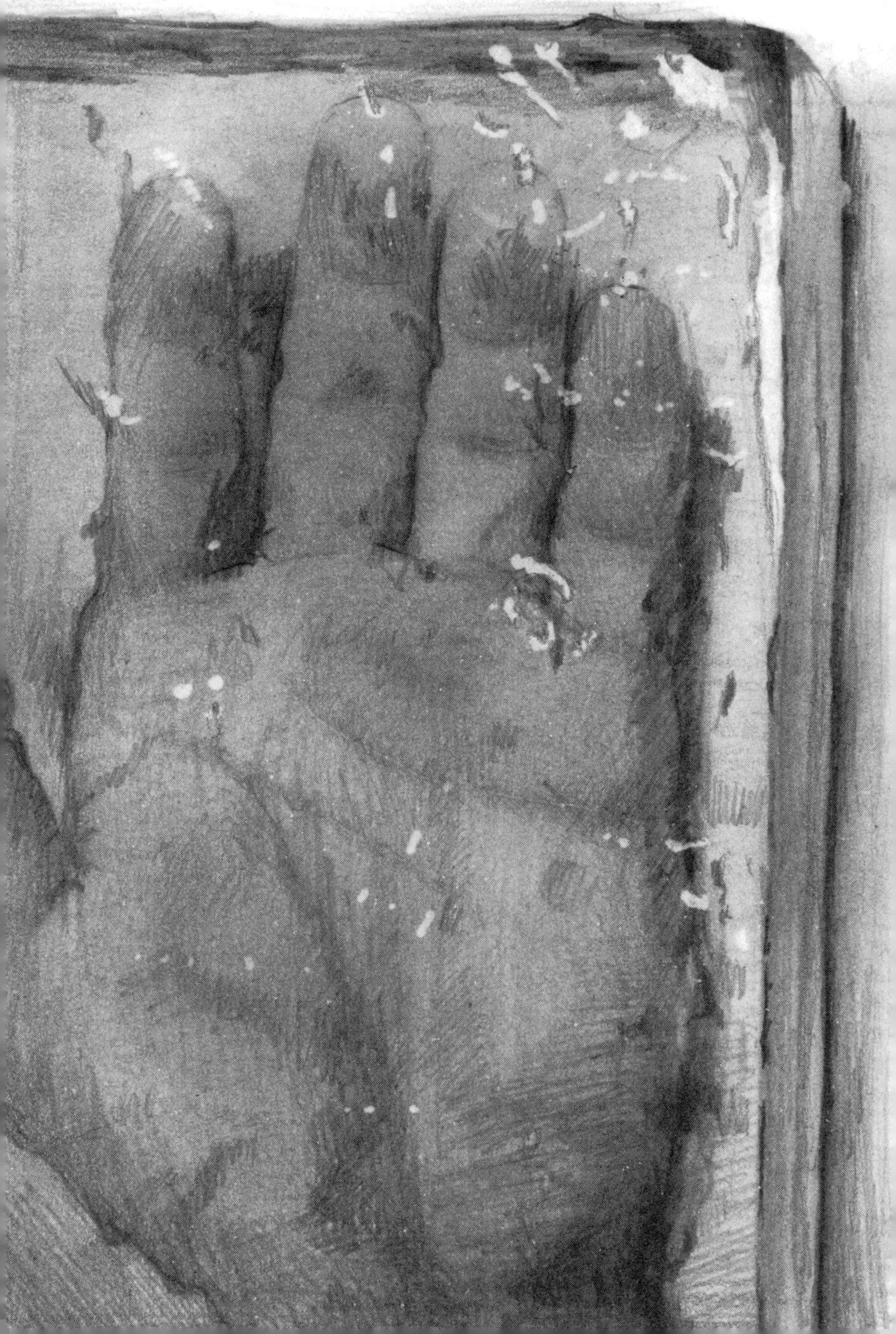

現在では治すことができない、死の原因となった病気も、未来なら治療されるだろう。あるいはクローンによって新たにつくられた若々しい肉体に、脳が移植され、目が覚めるかもしれない。

契約者が死ぬと財団のスタッフが駆けつけて血液を抜き取り、凍結防止剤と入れ替える。

遺体保存のコースは二つある。

全身を冷凍保存するホールボディーが二〇万ドル。

二〇万ドルが払えない方にはニューロクライプリザベーション（脳神経冷凍保存法）が八万ドル。保存しておくべきは脳なので、首を切断（！）して首だけを保存しておくのだ。

現在、一〇〇〇体を超える遺体（首のみも含む）がアルコーの真空断熱容器の中で復活を待っている。

しかし、現実の財団は、ずいぶん粗雑な組織らしい。

アルコー延命財団に勤務し、のちに内部告発書『フローズン』（邦訳・『人体冷凍』講談社《こうだんしゃ》）を書いたラリー・ジョンソンによれば、アルコーのスタッフは最低限の医療知識にも欠け、遺体を冷凍保存する際に、脳を傷つけたり、凍結防止剤と血液の交換に失敗したまま冷凍したりするなどの杜撰さが目立ち、遺体の保存環境は劣悪、使われている凍結防止剤は毒性が高いのだという。

ジョンソンの告発が正しければ、契約者は自分の死体を徹底的に破壊してもらうために高額な費用を財団に払っていることになる。

冷凍保存技術のネックになっているもの

アルコーの問題点は、凍結によって血管や細胞の中の水分が氷になって膨張、組織が破壊される点にある。だから組織がめちゃくちゃになってしまう。

だからといって、凍結による破損を防ぐために血液を抜いて不凍液を遺体に流すというのは、いくらなんでもムチャすぎる。いくら未来のテクノロジーでも、脳の神経構造まで破壊された遺体から、個性を再生するのは不可能だろう。

アルコー延命財団の冷凍保存カプセル(同財団ホームページより)

冷凍技術はこの数年で飛躍的に進歩している。

日本の企業、株式会社アビーが

開発したＣＡＳ（セル・アライブ・システム）冷凍を使えば、人体冷凍保存が可能になるかもしれない。

ＣＡＳ冷凍は、均一に冷凍することで細胞内の水分をそのまま凍結する技術だ。水が氷になると体積が膨張するが、これが細胞まで破壊するのは、水分の偏りがあるためだ。細胞の中で完全に均一に水分が分布していれば、細胞の破損はほぼ起こらない。

ＣＡＳ冷凍では専用の装置で磁場を発生させ、その中で冷却を行う。すると過冷却（零℃以下になっても氷ができない）状態になり、細胞の中で氷ができない。さらに冷却温度を下げると、素材は凍りつくが、水分が均一に広がっているため、細胞はほぼ破損しない。

なぜ、磁気が水分を均一化するのかはいまだ不明だが、現実にＣＡＳ冷凍は存在し、すでに冷凍食品や魚などの生鮮食品の冷凍に利用されている。ＣＡＳ冷凍は冷凍の鮮度を飛躍的に上げ、物流に革命を起こしつつあるのだ。

ＣＡＳ冷凍はｉＰＳ細胞をはじめとする臓器移植の分野でも、実験的に導入が始まっている。ｉＰＳ細胞で臓器をつくっても、今は保存方法がないため、複雑な臓器の移植はできない。網膜や心筋といった単純な組織でしか使えないのだ。しかし、ＣＡＳ冷凍を使えば話は変わる。理屈上、細胞に傷つけることなく、超低温での臓器保存が可能になるのだ。

死んだ人間の脳を未来まで保存し、そこからクローニングで体を再生、脳を移植するといったことも夢物語ではなくなるだろう。

「頭部移植」で健康な肉体に乗り換える

二〇一三年七月、イタリアの脳科学者セルジオ・カナベロ博士は、切断した首を別の胴体に接合することは可能だと、脳外科の専門誌で発表した。

脊髄の接続は非常に難しい。

犬やサルを使った移植実験でも、呼吸等の生命維持に最低限必要な神経はつながったが結局、体を動かすことはなく、最長でも数日で死亡している。

しかし、カナベロ博士は、非常に鋭いメスで切断した頭部を一二～一五℃で冷却し、別の体につなぐことは可能だという。

切断された神経はポリエチレングリコール（医療にも使われる高分子化合物で糊《のり》として使える）で接合する。

もしそれが可能なら、年老いて死ぬ前に頭を切り離せばいい。遺伝子操作で頭がない状態で生まれる人体をつくり、それを成長させてから、そこに切り離した頭をつければ、再び健康な体が手に入る。

二〇一三年六月、脳科学者のジェリー・シルバーとユー・シャン・リーらは、完全に脊髄を切断したラットの神経の一部を再接合することに成功した。

切断した脊髄には約五ミリメートルの空隙《くうげき》ができていたが、脊髄をワイヤーで固定すると、一八〜二〇本の神経管（内部に複数の神経が通っている）を血液由来の血液凝固タンパク質で接合した。これによりラットは排尿できるようになった（再び歩くことはできなかったが）。

だから切断した頭をほかの体と接合することは、まったく不可能というわけではないのだ。どんな権力も財力も死を避けることはできない。ゆえに不死は人類の究極の夢だ。科学は不死さえも手に入れようとしている。

〈彼ら〉の都合で寿命より前に殺される人類

こうした未来技術には、現時点で実用可能なものもあれば、意図的に封印されているものもあるだろう。

私は若返り物質のNMNの価格が異常に高いのは、前述のように、それを普及してほしくない勢力があるからだと考えている。サーチュイン遺伝子と長寿の関係も、意図的に歪められた気がしてならない。まるでエデンの園から追放されたアダムとイブから生命の実を守るため、神がエデンの東にケルビムと、きらめく剣の炎を置いたように。

私たちは時代遅れにさせられているのだ。

以前、養豚を見に行ったことがある。

テーブルほどもある大きな母豚が横たわっていた。五〇〇キログラムはあったのではないだろうか。何頭もの子豚が乳首に吸いついていた。親豚は非常に長生きで、八〇歳ぐらいまで生きる個体もあるという。一年経つと子豚は養豚場から連れ去られ、肉に加工される。

従順な豚たち。

私たちは、あの子豚と同じだ。

子豚は、本来なら十数年は生きられるだろう。しかし、人間の都合で、たった一年で殺される。旧約聖書のメトセラ、長寿の象徴とされるノアの祖父は九六九歳で死んだという。もしかしたら、それが人間の本来の寿命なのかもしれない。

私たちは数百年生きることができる。しかし、その技術は封印され、私たちは短い一生を後悔しながら生きることしかできずにいる。

トランスヒューマンのテクノロジーを使えば、人間はもっと高い知性の生命になりうるのかもしれない。しかし、現実の私たちは、私たちがつくったコンピュータにさえ敗北しようとしている。

第6章

「金融工学」で世界経済は豊かになるのか

お金とはもともと“バーチャル”なものである

金融は人類の未来を決めるプロセスだ。

たとえば中国の電力会社、国家電網《こっかでんもう》は五〇兆ドルを出して、世界をつなぐ電力網をつくろうという壮大な計画を発表した。これは北極圏に風力発電所を、赤道に太陽光発電所を設置し、年間数千テラワット時を発電、二〇五〇年までに世界中に配電するという。世界中の総発電量は約二万テラワット時なので、この送電システムで地球全体の総発電量の半分近くをまかなおうというわけだ。

技術的な課題は多いが、基幹技術となる超高電圧送電技術（長距離での送電ロスを見越して、超高電圧で送電し、長距離間でも実用可能な電力を確保する）による長距離送電線は、すでに七本が完成して運用が始まっている。

五〇兆ドルとは世界銀行の予算の三〇〇〇倍というとてつもない額だ。逆にいえば、それだけのお金があれば、世界の電力事情は激変し、現在のエネルギー浪費社会からサスティナブルな循環型社会へと大きく舵《かじ》を切ることができる。

お金はないないというけれども、お金はバーチャルだ。計画があれば無限大に引き出せるはずなのに、お金がないという。お金がないからつくれないという、わざとお金がないようにされている。

借金しないとやっていけない、ギリギリの生活をするように仕向けられている。

みんなお金のために働く。

連邦銀行制度によって、得体の知れない家族マフィアがお金をつくる権利を持っている。彼らが自分たちの利益のために、一般大衆にお金が回らないように操作している。理論的には、借金もせずインフレも起こさず、年間何十兆ドルでも地球の開発のために投資することができるのだ。

中国の世界電力網構想や砂漠の緑化、極地開発、フリーエネルギーの実用化など、地球規模の大きなプロジェクトは実現できるのだ。

今、世界中で人が余っている。貧困とは仕事がない状態だ。健康な若者に職業がなく、そのルサンチマンが過激思想へと若者を追い込んでいる。

この地球を理想郷にしよう。そのために封印されてきた、封印されつつあるテクノロジーを活用しよう。それが新たな職を生み、貧困を減少させる。

二〇〇九年六月一六日、イタリアで二人の日本人が一三四〇億ドル分の米国債券をスイスに持ち出そうとしてイタリア財務警察に身柄を拘束された。二人は六〇代と五〇代の男性で、一三兆円というとんでもない額の債権はすべて本物だった。

日本で二人を取材したとき、そのうちのひとり、ワタナベと名乗る人物は日韓トンネルのためにその国債が必要だったといった。

なぜ、日本と韓国のトンネルのためにスイスに米国債を持ち込まなければならなかったのか？　本来なら日韓の政府間が協議する話だろう。この奇妙な事件から推測されるのは、誰かが事業を止めている可能性だ。

日本が大量の米国債を持っていることは周知の通り。日本は米国債を買っているわけだから、いずれ利息がついたら、米国債はドルに交換できないとおかしい。ところがこれはできない。建前上、為替市場の安定という名目でほとんど売れない。日本はアメリカにお金を送り、その代わりに、ただの紙切れをもらっているわけだ。

二人は換金できないはずの米国債を換金するために、スイスに持ち込もうとしてイタリア国境で捕まった。

日本は日韓トンネル建設の資金（日韓トンネルの必要性の有無は別として）を裏で調達しようとした。大型の国際プロジェクトは、何者かによって資金を絞られ、遂行できなくなっている。

みんなはお金を銀行に預けている。銀行は集まったお金を企業などに貸し出し、利益が上がれば、それで銀行は運営される……そう思っているだろう。

そうではないのだ。

家が欲しいから住宅ローンを組む。一億円を銀行のコンピュータに打ち込み、三〇年間の労働力を担保にお金を貸す。そして借金漬けにする。じゃあ一億円は銀行がどこかから持ってきたのか？　銀行が自分たちに預けられたお金から一億円を抜いて、それを不動産業者に渡したのか？

違う。お金は無からつくられる。

勝手に数字をコンピュータに入れて、それをお金だといっているだけだ。なぜ、そんなことができるのか？　無からお金を生み出す仕組みを独占している人々がいるからだ。

彼らの手から通貨発行権を取り戻し、人類が管理すれば、五〇兆ドルもすぐに生み出すことができる。

もちろんムダな事業はあるだろう。中国には杜撰な計画のために、計画が中断したり、入居が決まらなかったりして、誰も住まない巨大なゴーストタウン（鬼城《グェイチョン》という）が二〇〇以上もある。中国が二〇一一年から二〇一三年の三年間で使ったコンクリートの量は、アメリカが二〇世紀に使ったコンクリートの量を上回るという。

しかし、未来へのたしかな計画があれば、そうしたムダもなくなるし、ないといわれているお金を生み出すこともできる。

ゴールドを持つ者が決定してきた金融システム

金融の未来を考えるために、まず現状の金融の姿を理解する必要がある。

昔、世界は金《きん》本位制だった。

黄金律（Golden Rule）は、一般には聖書に基づく、「人にしてもらいたいと思うことは何でも、あなたがたも人にしなさい」（「マタイによる福音書」七章一二節、新共同訳）のことを指すが、一部の人たちには意味が違う。

黄金を持つ者がルールをつくる。

歴史的な経緯から、第二次世界大戦前には世界のゴールドの多くはアジアに集まっていた。ところが一九世紀から、伝統的にゴールドを持つ者が権力を持つという構図から、暴力装置を持つ者が権力を持つように変わった。

毛沢東《もうたくとう》は「権力は銃口から生まれる」といったが、そうではない。権力は銃を持つ男の脳から生まれるのだ。そして、その脳を支配するのは誰か？　それが秘密結社だ。

秘密結社は心理操作に長《た》けている。日本の場合、中国との仲が険悪になりつつあるが、大衆心理の操作が行われているからだ。

特定の血筋や王族が、時の流行作家や大手企業、軍幹部などをスカウトし、秘密の場に集まって社会の方向を決めている。金融のコントロールもそこで行われている。オカルトと宗教じみた儀式の中で、巨額なお金の行方が決められているのだ。

実際にそうした現場に行くと、秘密結社が実在し、力を持っていることがわかる。

イギリス王室と三〇〇人委員会、スコットランド系フリーメイソン、イタリアのフリーメイソンP2ロッジ、アジアの王族のドラゴンファミリーなど、いくつかの秘密結社が存在する。

こうした秘密結社のうち、欧米系には一神教が強く影響している。イスラム教シーア派の後ろに秘密の一族があり、スンニ派にも一族がいる。ローマ教にもプロテスタントにも、一神教が自分たちを頂点とする仕組みを信じている。

P2ロッジは地球外のガンマ線生命体の指示で動いていると書いた。信じがたいが、実際に私が聖ピエトロ寺院の裏で彼らと会って聞いた話なのだ。

ロックフェラーを取材し、ロスチャイルドを取材し、そんな彼らより上位にいる権力者として会ったのがオカルティックな秘密結社だというのは、私も自分で取材していなかったら信じていないだろう。

ロスチャイルド一族も、自分たちの上にP2ロッジがいることを認めている。そしてガンマ線生命体は黒い太陽＝ブラックサンと呼ばれ、それはナチスの秘密結社トゥーレ協会などが祭《さい》祀《し》の中心に据えたものと同じだ。

このとき、ドイツ騎士団の最高幹部も紹介された。彼らは軍の司令官も兼ねている。アメリカ軍の場合、軍の長官はマルタ騎士団などの騎士団に所属し、バチカンにつながっている。だから欧米の軍は、ローマ法王を最高司令官に戴《いただ》いている形になるのだが、さらにローマ法王の上にＰ２ロッジがあるというのだ。

その最高幹部によると、黒い太陽は一定の儀式により呼び出すことができるのだそうだ。彼らは科学技術だというが、私たちにとっては魔術である。

黒い太陽を呼び出すことで、現実が変わる。

黒い太陽はテレビやラジオの電波のようなものだという。ガンマ線生命体は、電磁波からできている非有機体どころか非固体の生命だ。彼らを構成する電磁波の周波数はガンマ線領域なので、人間には見えないどころか、物質を通過してしまう。彼らは私たちの世界と共存しているが、見えないし、コンタクトできない。そこで儀式によって彼らに周波数を可視領域まで落としてもらってコンタクト可能にする。

私はミラノの教会の一室に案内され、

「これが私たちの神様です」

と部屋の中を見せられた。そこには黒い太陽がかたどられたステンドグラスがはめ込まれていた。

「この黒い中から虹色のものが出てきます」

そういわれたと同時に、私の前から部屋が消えた。薄暗い部屋にいたはずなのに、その瞬間、私は白い雲の上に立っている感じになった。現実が急に取り消されたようだった。そして目の前に、真っ暗闇の、生命を吸い取るような、ものすごいものを見せられた。それは実際に体験しないとわからない。マイナスエネルギーのような、恐ろしいものだった。

そして人が乗っ取られる。その人以外の生命体がその人の体を乗っ取って、急に違う言葉でしゃべり出したり、性格が変わったりする。精神病ではなくて、本当に人の脳に入り込んで、寄生虫のようにコントロールする。

混沌《こんとん》から秩序に。彼らの目的は新しい階級社会をつくりあげることだ。彼らは星の運行に従ってことを起こす。

ジョン・F・ケネディは連邦銀行制によらない、新しく政府発行のドルを刷ることを言い出したために暗殺され、月面有人探査計画であるアポロ計画も、一七号の有人探査を最後に空中分解してしまった。マーティン・ルーサー・キングはアメリカの公民権運動を主導したが、暗殺された。

〈彼ら〉によって
すり替えられる指導者たち

ほとんどの人は自分の目で大統領や総理大臣を見ることはない。テレビや新聞記事で断片的に知るだけだ。

南アフリカ共和国のネルソン・マンデラは、二七年に及ぶ収監生活のあと、一九九〇年に釈放され、一九九三年にノーベル平和賞を受賞した。ところがＮＳＡのエージェントから入手した情報では、本物のマンデラは獄中死していたという。すべては彼ら秘密結社が行った工作であり、世に出たマンデラは影武者やＣＧだったというのだ。

二〇一六年の夏、ルキミコ（歩き巫女《みこ》という日本語だった）と名乗る諜報機関のエージェントと会う機会があった。彼女はロシアでオリガルヒ（富裕層のこと）を専門に警備する会社の社長だった。彼女からウラジーミル・プーチン大統領はいないと聞いた。

ドイツの新聞『ディ・ヴェルト』が行ったインタビューで、プーチンの元夫人は、ある日、プーチンがいなくなり、代わりにプーチンそっくりの替え玉が現れたといっている。

そんなことがあるのか？

私は過去から現在までのプーチンの画像を集めた。たしかに違う。耳の形が全然違うのだ。

少なくとも影武者は三人いるようだ。

本当のロシアの権力者はセルゲイ・ラブロフ外相であるという。プーチンと並んでいる写真を見ると、明らかにラブロフのほうが格上の感がある。

世論操作のレベルが、単に言説にとどまらず、映像も含めた複雑なものになっている。とくにテレビの映像はまったく信用ならない。大統領や著名人をCGで描く技術は、普通の人には見破れない。前回のヒラリーvs.トランプの大統領選のとき、ピッツバーグの友人がヒラリーの集会に出かけた。当日、ヒラリーが来る予定だった小学校の講堂にヒラリーは来ず、参加者も一〇〇人ほどしかいなかったという。しかし、テレビでその集会の様子が流れると、そこにはヒラリーがいた！　参加者がスマートフォンでヒラリーを撮る様子が流れたが、彼らのミスだろう。スマートフォンの画面には、目の前にいるはずのヒラリーの姿が映っていなかった……。

すでにかなり前から、CGによる映像の操作は行われているらしい。

支配階級の姿はまったく見えない。私たちがつくりたい未来は、そんな見えない彼らによって邪魔されている。

「国家の外」に存在する国際決済銀行というシステム

第二次世界大戦後にナチスが宇宙に出たという話がある。逃げたナチスの残党が南極に秘密基地をつくり、そこから宇宙に出たという。ハイレベルな軍人や政治家が、すでに人類は宇宙に出ているといっている。

カナダの元国防相ポール・ヘリヤーは、地球に四種類の宇宙人がすでに来ていて、その情報開示は止められているのだと発言している。

私は現実的な人間なので、オカルティックな話は好きではない。しかし、金融から始まった私の調査は、時としてオカルティックな奇妙な話にぶつかってしまうのだ。

なぜ、宇宙が存在するのか、そんな哲学的命題の根本に、黒い太陽の存在はかかわってくる。この宇宙全体がデジタル、白と黒、闇と光。そう理解すると、いろいろな不思議なことが理解できる。

金融のことを調べているうちに、現実はなんなのか？　と問わざる得ないことに出会う。オカルト的な思想を持つ人たちが金融を支配しているという事実に戸惑う。

中央銀行の中の中央銀行、ＢＩＳ（国際決済銀行）はどこの政府の管轄でもない。ＢＩＳが置かれているのはスイス・バーゼルだが、スイス政府もＢＩＳに立ち入ることはできない。完全な治外法権だ。

そんな組織が、世界の中央銀行に指示を出している。

ＢＩＳの存在は、金融が世界の生命線であり、それを握っているのが国家の外にある組織であることを確信させてくれる。金融の権力を持つ者が国家の外側に存在し、この世界の権力を掌握する力があるということなのだ。

「ナチスの残党」と「パナマ文書」を結ぶ点と線

パナマがタックス・ヘイヴンであり、世界の富裕層や企業、金融機関に租税回避として利用されていることは誰もが知っていたが、その額や、誰が顧客なのかを一般市民が知ることはできなかった。しかし、二〇一六年、パナマの法律事務所モサック・フォンセカ（Mossack Fonseca）が扱ってきた過去四〇年分のデータが流出。それが国際調査報道ジャーナリスト連合に渡り、世界に公開されてしまった。それがパナマ文書事件である。

国際調査報道ジャーナリスト連合の資金源はロックフェラーやフォード財団など、かなり胡散臭い。ニューワールドオーダーの中からナチスを追い出そう、「ブッシュ・クリントン一派」

の資金を断とうとする、ある種の内紛が起きた結果らしい。

文書の流出を受けて、ドイツの諜報機関の幹部がクビになった。パナマ文書はドイツに対する情報工作だったというのだ。モサック・フォンセカの創設者の父親はナチス親衛隊にいた人物で、暴露されたのはナチスネットワークだった。

第二次世界大戦で負けたドイツ、日本、イタリアは戦後に巻き返しを図っていた。ナチスの残党は南極、南米、アメリカに逃亡したが、金融資産を戦勝国に押さえられたために、表の資金を使うことができない。そこで彼らは戦勝国の手を逃れた潜水艦基地を使い、麻薬取引や武器取引を行い、裏で資金を蓄えていた。その資金洗浄のために、パナマをオフショア＝タックス・ヘイヴンとして利用していたのだ。

コロンブスがアメリカを発見したあと、ローマ法王とスペイン政府は結託し、アメリカ大陸の所有をもくろんだ。新大陸の利権を欲したイギリス政府はスペイン政府と対立、しかし、全面的な戦争を避けたいイギリス政府は武装した民間船にスペイン政府の船を攻撃する許可を与えた。私掠船《しりゃくせん》（Privateer）という。カリブ海を舞台に私掠船による略奪が横行し、ついにスペイン政府は王族を通じてイギリス政府との和解交渉を開始する。

アメリカ大陸に対する統治権の分割が決定し、私掠船に与えられていた略奪許可は無効になった。しかし、あの時代、通信も何もないため、それとは知らない私掠船がスペイン船から強奪した財宝を満載してジャマイカに寄港した、従来であれば、略奪品の三割を王家に納めれば上陸許可が出たのだが、イギリス政府によって許可が取り消されており、私掠船には死刑が言い渡される。

そこで彼らはイギリス領ケイマン諸島に逃亡して、財宝を山分けにしたのだ。それがオフショアの始まりであり、ケイマン諸島が現在もオフショアとして広く利用されるルーツとなっている。

当時はそうした治外法権地域がたくさんあり、ケイマン諸島のように、現在に至るまで金融資産の隠し場所として利用されている。

スイス・バーゼルにあるBIS（国際決済銀行）

その膨大な資金は現在の世界の枠組みの外側に位置し、第二次世界大戦以降の国際的な方針をひっくり返し、自分たちが考える未来を世界に押しつけようとする人々の活動資金になっている。

彼らがニューワールドオーダー＝新世界秩序を標《ひょう》榜《ぼう》する、ナチス残党を中心とした闇の勢力なのだ。彼らは自分たちの傀儡《かいらい》としての世界連邦政府をつくり、世界を掌握しようとしている。

「欧米vs.ユダヤ・マフィア」に対抗する「人類同盟」の出現

9・11でアメリカを乗っ取ったといわれるニューワールドオーダー。

私も彼らにスカウトされたことがある。仲間にならないかと誘われたのだ。

彼らにとって、人類の九割は役に立たない。環境を荒らし、自然を崩壊させ、何もつくっていない。地球にとってバイ菌のようなものだ。そこで人口を削減する。人間を間引き、世界の人口を五億人まで減らし、環境と調和した人類社会を築くという。そのために世界連邦政府をつくろうとしている。

人類の未来をつくるプロセスは金融だ。9・11以降、彼らは金融システムを手に入れ、彼らのいうニューワールドオーダーを実現しようとした。

もうひとつ別の未来を考える集団もいる。彼らはシオニストと呼ばれ、エルサレムを首都として世界連邦政府の樹立を目指している。

彼らの行動原理は旧約聖書に基づいた選民思想、最終的にユダヤ人が神に選ばれた民として、人類を管理するというものだ。ナチスとよく似た優性思想であり、地球の環境保全を優先するという点ではニューワールドオーダーと同じ立場だが、人間の間引きをしなくても、環境税を取ればいいという考えだ。それというのも、旧約聖書にはユダヤ人がユダヤ王国を再建した暁には、一人につき二六〇〇人の奴隷がかしずくと書かれているからだ。

家畜に働かせようというのに、家畜を殺すバカはいない。

この二大権力の間で、私たちの未来をどちらの勢力を担うか、つまり、どちらが金融システムを掌握するかという戦いが続いていた。王室との確執や軍との関係などが入り組み、単純に二つに分けることは難しいが、今までの裏の権力は大雑把にこの二つに集約できる。

現在、ニューワールドオーダー勢は劣勢であり、オフショアの拠点が次々に閉鎖されている。最近ではイギリスやフランス、ドイツ、イタリア、スペイン等々が、それぞれ「非合法な経済活動で生み出された裏資金や金融特区への規制強化」を宣言している。

今後、アメリカ当局やG20なども連動して、三二兆ドルともいわれる世界のアングラ・マネーの「没収」に乗り出すことになりそうだ。そうなれば、ニューワールドオーダー＝ナチス残党の資金源が断たれ、テロ組織に流れている工作資金もすべて断ち切られることになる。

そうした流れがあるからこそ、パナマ文書も流出したのだ。

この二つの権力に対して、この一〇年の間に新しい勢力が現れた。経済的に豊かになった中国とロシア、ブラジルなど欧米の価値とは別の価値基準で未来を考える、いわば人類同盟だ。

中国は金融支配を打ち破る「救世主」となるのか

中国の経済規模は、今や購買指数ではアメリカを超えた。中国が主導する「ＡＩＩＢ（アジアインフラ投資銀行）」には、南北アメリカ（除くブラジル）、日本、一部のアフリカ諸国以外のほぼすべての国が参加を表明している。「一帯一路《いったいいちろ》」構想も、かつてのマーシャルプランの六〇倍ともいわれ、一兆ドルを超える非常に規模の大きいものだ。

ＡＩＩＢ加盟国が持つ経済力と人口とを併せ考えると、ＡＩＩＢの決定が加盟していない国々に対しても圧倒的な影響力を持つことは間違いない。

世界金融の最高峰とされてきた欧米主導のＩＭＦ（国際通貨基金）や世界銀行がこぞってＡＩＩＢと協力していくことを発表している。要するに、実質的にはすでに「世界の新しい枠組み」が誕生しつつあるのだ。

中国は為替市場で大量の外貨を入手し、それを債権化する代わりに鉱山などに投資した。現金をものに換えたのだ。これまで世界のお金の流れはウォール街とシティが決めていた。しかし、中国のお金は欧米の金融資本のコントロールを受けず、中国に流れたゴールドを自分たちのものにすることができずにいる。

上海《シャンハイ》市場では人民元《じんみんげん》によるゴールド取引＝上海金取引相場が始まった。ゴールドは実物より債権のほうが三〇〇倍も多い。ゴールドがないのだ。最終的にゴールドが担保するはずの債券だが、ゴールド自体がないので、債券は実質的に紙切れなのだ。中国の場合は生産者でもあるため、実体のある取引になる。

もちろん、旧勢力も中国の台頭をただ手をこまねいて見ているだけではない。

オランダのハーグに設置されている「常設仲裁裁判所」が、中国が主張する南シナ海の南沙《なんさ》諸島領有権問題について裁定を下し、中国は不法占拠を行っていると非難した。

国際司法機関は昔からロックフェラー派の影響下にあり、専門家の中でも、今回はフィリピン側に有利な裁定が下されることが予測されていた。

この判決に法的な拘束力はない。しかし、国際法に基づく秩序の維持という大義名分を得て、アメリカ軍は日本の自衛隊と共に南シナ海で中国に対する軍事行動を起こすことができるようになる。

中国政府は今回の審理に参加することを拒否し、「この件に関する常設仲裁裁判所の管轄権を認めない」と主張、さらに判決を「ただの紙クズ」と呼んだ。

アメリカ政府に対しても、「国際裁判所が下した決定に原則として従わない方針を公言しているアメリカが、今回の常設仲裁裁判所の裁定を受けて軍事行動を起こすというならば、それは偽善である」と反発している。

一方、アメリカは今回の判決を国際社会のルールとして従うのは当然だという声明を発表。米中間には若干の緊張が走っている。

「歪められた金融工学」で分散する権力、集中する富

現在、世界はカオスの中にある。権力は分散し、金融システムは破綻寸前。本来なら良くも悪くも、金融システムを独占した者が描く未来が世界の未来だったはずなのに、それが描かれない。

中東、ひいては世界の平和を左右しているのは、年間およそ二〇〇兆円のオイル利権だ。宗教的な対立など無関係だ。オイル利権を手に入れるための方便であり、国際社会に対して自分たちを正当化しているにすぎない。

石油の採掘権が欲しいから空爆しているとは、さすがの欧米も表立ってはいえない。だからIS（イスラム国）はテロリスト集団だから軍を派遣し、空爆するという建前になる。

これまで中東の石油利権はニューワールドオーダーと、それに連なるオイルメジャーが独占していた。年間二兆ドル以上にもなる中東の石油利権は、「中東産の石油の出荷を止める」と

いう脅しで、彼らは覇権を維持してきた。そして今なおイスラエルやトルコ、湾岸協力会議の加盟国などに武器や傭兵部隊を送って中東覇権を維持しようと躍起になっている。

ペンタゴン関係者筋によると、中東地域における「石油利権の分配」については、すでにアメリカ、ロシア、イランの正規軍の間で協定が結ばれているのだという。

イラクとシリアについていえば、ユーフラテス川を境に「東側はロシア」「西側はペンタゴンとイラク」の影響下に入ることが決まっている。

しかも中東以外の原油産出地、とくに北米とロシアによるエネルギーの供給量が増えたことで、従来のように中東の石油だけで国際エネルギー市場を支配することなど不可能になった。また、仮にアメリカ正規軍が再びロシアとの協力関係を解消したとしても、ロシアが経済と軍事の両面で中国と連携している以上は世界の石油の流れを止めることはできない。

中東の石油利権がニューワールドオーダーから欧米の列強諸国へと強奪されているのである。

サウジアラビアの急な動きも石油利権にからんだものだ。サウジアラビアのムハンマド・ビン・サルマン皇太子が、トルコのサウジアラビア大使館でジャーナリストのジャマル・カショギの殺害を指示したとされる事件が起きた。サルマン皇太子は改革派として世界から投資を呼び込んでいたため、今後の投資計画に大きく影響が出るとされている。このあおりでソフトバンクの株も暴落した。サルマン皇太子が進める一〇〇〇億ドルにも及ぶ大型ファンドで新技術開発を行う予定が、この事件で中断してしまったからだ。

実はサルマン皇太子はすでに暗殺されているという話もあり、通信社によるインタビューでも、本人として登場した人物は明らかな替え玉で、顔かたちと振る舞いがあまりにも違っていた。サルマン皇太子がすでに死亡しているなら、旧態然とした利権を守るためにハイテクの導入を拒否する動きが表れてもおかしくない。未来への投資をマフィアのような王族が決めることなのか。

ニューワールドオーダーにしろ、過激なエコロジー思想にしろ、王族にしろ、その力の源泉は富であり、独占している金融システムだ。人類を救うであろうテクノロジーの封印を破るには、封印そのものである金融システムを、彼らの独占から社会の手に奪い返す必要がある。

ダイヤモンドの九割はデビアス社が独占している。ゴールドも独占され、市場に流れない。価格が不当に吊り上げられているのだ。

資源の独占と統制が支配階級のやり方であり、その富の源泉である資源が露骨に、まるで第二次世界大戦前のように奪われているのが今の世界だ。これほどの横暴が許されるのは、金融システムを独占した彼らによって、根幹である金融工学そのものが歪められてしまったからだ。

トランプ政権は〝つくられた〟軍事政権である

アメリカの内情を鑑みると、ペンタゴンを含むアメリカ当局は、アメリカが持つ最強のカードとして軍事力をちらつかせるしか手はない。ただし、そのためには、彼らにとって一見して「正義」であるかのように見える大義名分が必要となる。現場の軍人としては、その準備を整えてからしか「戦争」という脅しのカードは使えない。

アメリカ軍が使う「戦争」のカードはあくまでも威嚇であり、アメリカ軍が真剣に中国との戦争を考えているわけではない。トランプ大統領は演説の中で自らの外交戦略について語り、第一に「国益最優先の政策」を取ると約束して実体経済を立て直すことでアメリカの実力を取り戻す意欲を見せている。

だから対中戦略のステートメントでも、派手な米中貿易摩擦で本質は見えにくいが、アメリカの対中貿易赤字を削減して、双方が利益を得る関係を中国と築いていくという、かなり常識的なことをいっているのだ。

アメリカ経済は一見好調でも、財政的には危機に陥っている。

アメリカの好景気は各国が米国債を購入することで成り立っているだけで、アメリカの実体経済を反映しているわけではない。すでに各国の中央銀行では、アメリカ経済に対する不安から米国債を売却、もしくは買い控える動きが始まっていて、その影響で長期金利がじわじわと上がり始めている。二〇一八年五月末時点でケイマン諸島が一八五八億ドル、アイルランドが三〇一〇億ドル分の米国債をそれぞれ保有していることになってはいるが、それもアメリカの破綻を隠すための粉飾。ハゲタカファンドを使った見せかけの数字にすぎない。

「石油ドル本位制」も崩壊の一途をたどっている。石油の余剰幅は拡大し続けており、国際貿易において世界中の多くの国々が「石油本位制ドル」での支払いを拒否し始めている。世界の裏事情に詳しいジム・ウィリー（Jim Willie）という経済学者によると、アメリカ・ドルでの通商を認めているのは、今もアメリカの管理下に置かれている二五カ国だけだという。

実際、貿易の現場でもアメリカから出港するコンテナは七割がカラなのだ。

オバマ政権は世界各地のタックス・ヘイヴンから資金をかき集めて国家の延命資金にあてていた。しかし、それだけでアメリカが抱えるすべての債務を穴埋めすることは不可能だ。アメリカが倒産状態から抜け出せるわけではない。

結果的に石油や武器、麻薬資金などに依存してきた「ブッシュ・クリントン一派」が一気に追い詰められる結果となっている。このため、当初は泡沫《ほうまつ》候補と見られていたトランプがヒラリーを破って大統領となったのだ。

一部のアメリカ軍幹部はアジアに赴き、アジア王族の集合体であるドラゴンファミリーの代理と地道な「アメリカ再建」のための話し合いを続けていると、複数のCIA筋は伝えている。同情報源らは、アメリカ統合参謀本部議長のジョセフ・ダンフォードが中国やほかのアジア諸国との協力体制を支持していることから、「交渉は思いのほかうまくいくだろう」と考えているようだ。

その話し合いを受けて、中国軍は少なくとも二万トンは下らないという軍独自の埋蔵金を使って大量のドルを購入し、中国主導で海外のさまざまなプロジェクトにあてていくことを提案している。

また、アメリカ国内の別の派閥はアジアと話し合いなどせず、自力で財政を立て直そうと考えている。ただし、そうなると、アメリカ最大の赤字部門、世界各国八〇〇の基地に展開するアメリカ軍のリストラが始まるのは必至だ。世界の人口の四％しかいないアメリカが、世界の軍事予算の約四〇％を使っているというのは、どう考えてもおかしい。

トランプ大統領は、「アジアやヨーロッパなどからアメリカ軍を引き上げる。それがいやならアメリカ軍駐留国にすべての費用を負担させる」と発言するなど、非常にビジネス的な手法でアメリカの財政再建を図ろうとしている。

しかし、それでは軍人は失業してしまう。

日本でも普天間《ふてんま》基地の辺野古《へのこ》への移転が暗礁に乗り上げているが、移転自体が必要ないのだ。マラッカ海峡までアメリカ軍は下がり、将来的には沖縄からアメリカ軍の大半は撤退する。アメリカにはもう予算がないのだ。

二〇一六年四月二七、二八日にホワイトハウスが警備上の問題を理由に閉鎖されたが、そのとき、本当は軍がホワイトハウスを制圧していたのではないかというのだ。当時のオバマ大統領は、本来ならば大統領選後に発布される、行政上の引き続きに関する大統領令を、五月に入ってすぐに発布した。オバマ大統領は自分が退任することを、わざわざ記者会見で明らかにしたのだ。これは本当に奇妙なことだ。ペンタゴンの傀儡となったオバマが、自分にすでに権限がないことを告知したとしか思えないのだ。

そのため、同じ民主党のヒラリーではなく、軍事費増大を掲げる共和党のトランプが、軍の意向で大統領に選ばれたのだ。就任後、トランプ大統領は必死にアメリカ軍の最新兵器を海外に売り込んでいる。

アメリカ合衆国をアメリカ共和国に。軍部の考えはアメリカを共和国にしたいらしい。さらにアメリカ軍の予算を維持するために、国際的な平和維持軍として機能させるというプランもある。二〇一八年八月、唐突にトランプ大統領が「宇宙軍」創設を発表したのも、その流れだろう。

「旧勢力vs.新勢力」としての米中戦争

近年の安《あ》倍《べ》晋三《しんぞう》政権は「戦争法案」や自衛隊の「海外派遣恒久化法案」を強引に推し進めるなど、ブッシュ（子）が考えた「長期計画」に沿うように動いている節がある。

イギリスのＭＩ６によると、これは二〇〇七年にパパ・ブッシュがロシアのプーチン大統領を釣りに誘った際に船の上で提案した計画なのだという。

「長期計画」とは、「ロシアとＮＡＴＯ（北大西洋条約機構）の間に新たな冷戦を生み出し、それを理由に日米欧の軍事予算を拡大する。ロシアも中国の同盟国のフリをしながら軍事予算を拡大、各国の武装化が完全に整った時点で、ヨーロッパ諸国とロシアがアメリカや日本と共に一斉に中国へと攻め込み、六つの国に分断する」というものだ。

旧勢力にとって、中国は共通の敵なのだ。

常設仲裁裁判所は、南シナ海にある南沙諸島の領有権問題について、中国が主張する領有権を完全に否定し、違法行為と断定した。二〇一五年の一〇月末にフィリピン側が中国を相手取って起こした仲裁手続きによるもので、罰則規定はないものの、法的には中国は違法に占拠していることになる。

国際司法機関はロックフェラー派の影響下にあり、当初から専門家の中ではフィリピン側に有利な裁定が下されることが予測されていた。その予測が当たったわけだ。

今後、「国際法に基づく秩序の維持」という大義名分を得て、アメリカ軍は日本の自衛隊と共に南シナ海で中国に対する軍事行動を起こすことができるようになる。

ただし！「長期計画」はあくまでニューワールドオーダー一派の考えにすぎない。

ずっと以前からアメリカ軍はブッシュの「長期計画」を拒否している。なぜなら、中国との戦争をシミュレーションすると、何度やっても「人類の九割が消滅し、北半球には人が住めなくなる」との結果が弾き出されるためだ。

二〇一一年八月二三日、アメリカ軍の愛国派は、ブッシュの計画を止めるためにデンバー空港の真下にある地下施設とワシントンD.C.をつなぐ緊急時用の地下トンネルを爆破、第三次世界大戦勃発に向けてブッシュらが密かに準備していたエリート専用の避難用地下施設を封鎖した。

東西冷戦の間、どのような設備がつくられ、現在どうなっているのか、一般の社会が知ることはないだろう。核戦争に備えてつくられたさまざまな設備は、現在の技術でも考えがたいものがいくつもある。

核攻撃を受けて国土が焼け野原になっても、食糧の自給自足が可能な巨大な地下施設がつく

られていた。その地下基地と地上とは真空チューブで結ばれ、時速四〇〇〇キロメートルという超高速の列車がその中を走っているらしい。トンネルの写真などは公開されている。

このときは核爆弾で爆破が行われたと考えられ、発生した衝撃はマグニチュード五・八、震源地バージニア州の地震として記録された。

本当の金融工学を封印してきた「バビロニア・マネー・マジック」

どの勢力が最終的に未来を担うにせよ、封印された金融技術の公開は避けられないだろう。権力の源泉であった「アメリカ・ドルとユーロの発行権」、ひいては「民間中央銀行制度（借金奴隷制度）」そのものが、いろいろな意味で脅かされている。

結局、G7諸国の通貨の中で比較的健全なのは日本の「円」とカナダの「ドル」だけである。イギリスのEU（欧州連合）離脱により、EUの体制は確実にソ連と同じ崩壊の道をたどることになる。ソ連崩壊の過程を振り返ると、これからEUがたどる崩壊の道もある程度予測することができる。

まず、ソ連が崩壊した大本の原因は、連邦政府の財政が破綻したことだった。当時過熱していた軍拡競争とアメリカが対ソ連工作として仕掛けた原油安の影響で、ソ連の経済は完全に崩壊し、西側の権力者らが持ちかけた提案を当時のソ連最高指導者ミハイル・ゴルバチョフが容認したことで、冷戦の終結は決定された。その提案とは、「いったんソ連を崩壊させて、新たにEUという枠組みを、あなた方の〝新しいソ連〟にするのはどうか」というものだった。その後、ポーランドを皮切りに、ヨーロッパの旧共産主義圏（東欧諸国）の分離独立の動きが加速し、ソ連の解体劇は始まった。

ただし、人類史における「EU崩壊」が持つ意味合いは、ソ連崩壊よりはるかに大きい。EUが空中分解するということは、これまで旧権力が管理してきた欧米経済圏の倒産、ひいては彼ら自身の失脚を意味しているからだ。

もし株式市場が消え、円が消えたとする。だからといって、ものが消えるだろうか？　建物が消えたり、知識が消えたりするか？　消えるのは通帳の中の数字であり、それは架空のものだ。紙幣はただの紙だ。しかし、パブロフの犬のように、私たちはお金を見ると飛びつく。

バビロニア・マネー・マジックと呼ぶ。バビロニアで奴隷を操るために生み出された、ある種の洗脳技術だ。バビロニア国のネブカドネザル二世によってエルサレムが陥落、ユダヤ人が捕虜＝バビロン捕囚になったとき、バビロニアに反抗しないように生まれたといわれる。

第二次世界大戦ではドイツとロシアがポーランドに侵攻し、分割統治をした。当時のロシア＝ソ連の指導者ヨシフ・スターリンはポーランド議会を開かせ、ポーランドがロシア領になるように投票せよと恫喝《どうかつ》した。スターリンがポーランドのインテリや政治家など二万人を虐殺した惨事〝カチンの森事件〟はそのときに起きた。

こうして議会が開かれ、議会の総意のもとにポーランドという国家は解体され、ロシア領に編入された。

議員たちはロシア軍に殺される恐怖から国を売ったのだ。これはロシアとポーランドに限らない。アメリカと日本の間でも同じことが行われた。日本の国会を私は〝永田町《ながたちょう》劇団〟と呼んでいる。彼らには何も権限がない。お金と暗殺と恫喝に怯《おび》え、渡された台本を読んでいるにすぎない。議会制民主主義が機能しているのは、今や北欧諸国ぐらいだろう。カナダでもせいぜい半分程度だ。

「歪められた金融工学」によって、民主主義さえも歪められてしまったのだ。だが来るべき新興勢力の躍進、「EU崩壊」へのカウントダウンを機に、ついに「歪められた金融工学」が崩壊へと向かいつつある。

黄金時代は「歪められた金融工学」の破綻から始まる

闇の支配者たちが牛耳る金融システムの破綻で、既存の金融工学のみならず、通貨発行権も含めたマネーのマジックが崩れつつある。

ロスチャイルド・ファイナンシャル・サービスグループのデビッド・ロスチャイルドは、フランス政府によりイギリスの老人の年金をだまし取った詐欺罪で国際指名手配を受けている。こんなことは今まで考えられなかった。

彼ら金融工学のプロがやっていたのは、大量のカラの買い注文を出し、株価を吊り上げて高く株を買わせるというインチキである。カラ注文をレバレッジと言い換え、個人投資家を市場に呼び込んだ。一〇〇〇倍のレバレッジをかけられるため、一ドルを取り戻すために一〇〇〇ドル、二〇〇〇ドルの取引をしているのが現在の株式為替市場だ。ロスチャイルド家にまで捜査が及ぶということは、彼らのマネーゲームが終わったことを意味する。

そして同じタイミングで登場したのが仮想通貨だ。暗号通貨や金融通貨とも呼ばれる二一世紀の通貨は、従来の意味では通貨ではない。封印から解放された「新たな金融工学」に基づく通貨なのだ。

〈彼ら〉が最も恐れている「仮想通貨」の普及

これまでの通貨は中央銀行が発行する債券だった。手元に紙幣があれば見ていただきたい。

日本銀行券と印刷されているだろう。円は日本の中央銀行、日本銀行が発行する債券だからだ。通貨の発行権は国ではなく中央銀行にある。なお、日本銀行は東京証券取引所のジャスダックに上場する企業だ（株式会社ではないため、株ではなく、出資証券が購入可能）。政府機関ではないのだ。債券の貸し借りで市場はできあがっている。国が国債を発行すると、中央銀行は通貨（という債券）を発行して国債を買い取る。国は受け取った通貨で公共事業を行い、公務員に給与を払う。その結果、通貨が市場に流れる。

公共事業を減らすとデフレが起きるのは、国から市場に流れる通貨が減るからだ。市場にお金が少なければ、お金の価値が上がり、ものの値段は下がる。円安になる＝円の価値が下がるとインフレになり、円高になるとデフレになる。国は中央銀行を通じて、国債の発行によって通貨の流通量を調整できるのだ。

中央銀行制度はロスチャイルド家をはじめとする闇の勢力の資金源である。彼らは通貨を債券として国や銀行に渡す際に、取引手数料を取っているのだ。

一方、仮想通貨は銀行を通さない。実体はなく、ただのプログラムである。

仮想通貨は国や銀行に価値を保証されない通貨だ。では、その価値を誰が保証するかといえば、ユーザー自身になる。それには暗号化とブロックチェーンという二つの技術を使う。

仮想通貨は高度に暗号化されていて、他人が勝手に預金の金額を書き換えたり、仮想通貨を偽造したりするような犯罪から守られている。

ブロックチェーンは仮想通貨の取引をチェックするシステムだ。仮想通貨の取引が行われると、その情報は暗号化された状態で公開され、一〇〇〜一〇〇〇の取引情報がひとまとめのブロックとして保存される。ブロックとブロックをつないで情報を流通させるので、ブロックチェーンだ。ブロックチェーンは暗号化されたブロック同士をつなぐ「承認」という作業で信用が担保される。

仮想通貨は債権ではないので取引手数料がなく、コンピュータ上ですべて処理されるので送金も自由だ。為替と同じく、貨幣と紐《ひも》づけされているので、市場で売買できる。

今のところ現実の通貨と仮想通貨では流通量の桁が違いすぎて、仮想通貨は投機対象でしかないが、流通量が増えれば、今の中央銀行制を脅かす存在になるかもしれない。

仮想通貨はユーザーが管理する初めての通貨であり、民主主義の精神でつくられた通貨である。また、クラウドファンディングのように、本来は銀行が行うべき資金の貸付を一般からまかなう仕組みもできあがりつつある。

通貨を銀行から取り戻す。それは経済を、世界を権力者から取り戻すことにほかならない。封印されていた「新たな金融工学」によって、彼らに歪められていた民主主義を、私たちの手に取り戻すことができるのだ。

資本主義は個人の欲望がベースだ。貧しい人から富める人へ、貧しい国からお金持ちの国へとお金が流れていくのは、それが欲とリンクしているから。権力者とは普通の人たちとは比べものにならない欲望を持つ人たちなのだ。

貧富の格差が大きくなれば、いずれ革命が起き、政権が倒されるだろう。

共産主義の計画経済も破綻した。個人が使う歯磨き粉の量を中央政府が算出して生産するなんてことは最初から不可能だったのだ。しかし、だからといって、市場を放置すると、格差がすさまじく進んでしまう。環境破壊も進む。

資本主義でもなく共産主義でもない、ベストな経済システムはあるのか?

私はアジア、日本とシンガポールにそれがあると思う。

旧ソ連の計画経済の失敗は、中央政府によって経済のコントロールができると思い込んだ過信だった。

経済の実際は民間に任せればよく、国家は国家として経済の行方を示す明確なビジョンを指し示せばいいのだ。

(文中敬称略)

おわりに

未来を私たちの手に取り戻す、「たったひとつの方法」

グローバル化は終わりを迎え、各国が保護主義に走る。こうした混沌の原因は未来へのビジョンが欠けていることが原因だ。

五年先、五〇年先に未来はどうなっているのか?

現在、経済産業省や内閣府が行っている産業のロードマップをより精緻に積み上げる。全国の商工会議所に、今後どのような設備投資をしていくのか、経済動向はどうなるのかを調査し、シーズを見つけ分析し、公表する。そのために専用の省庁を立ち上げるべきなのだ。

二〇〇一年まで日本には経済企画庁があった。省庁再編によって内閣府に引き継がれたが、独立させるべきだろう。

それが実現すれば、中国も含むアジア諸国は大きく発展する。

ルックイースト政策のシンガポールは日本型経営を学び、急速に成長した。シンガポールはさらに日本の弱点である官僚制度にも手をつけた。

日本の官僚制度は一本道だ。出世ルートから一度でも離れると、もう戻る方法はない。だから早く退職して天下《あまくだ》ることばかりに腐心し、膨大な税金のムダ使いが行われる。

シンガポールは官僚に民間より高い給与を払い、肩叩きをやめることで、官僚が仕事に専念できる環境をつくった。日本は今こそアジアに目を向け、彼らから学ぶべきなのだ。

日本は経済成長が鈍化し、かつてのアジアの見本となった姿はない。

日本が大阪万博のときに抱いていた希望、テクノロジーに信頼を寄せる未来へのビジョンは外圧によって潰されてしまった。今、そんな希望はどこにもない。

家畜には未来を決める自由はない。家畜はエサをもらい、ただ息苦しい毎日を生きていくだけだ。

アジアの躍進は、やがて世界に波及する。地球人類の未来はどのように決めるのか。欧米も交えた現実的なアクションが可能になる。

私たちの未来が制限されているのは、金融を封印されているからだ。バビロニア・マネー・マジックでみんなが家畜にされてきた。

金融が自由になったとき、未来は私たちの手に戻ってくる。

お金をつくりだし、みんなに平等に配る仕組みができれば、黄金時代が始まる。

かつて夢見た未来、宇宙に移住し、恒星間飛行が可能になり、不老長寿が当たり前になった世界。

その未来に届くために、金融を取り戻すことが最初の一歩となる。そのひとつの手段として、ジュビリーがある。

ユダヤ教で五〇年に一度のお祝いをし、そのとき、それまでの借金をすべて棒引きにした。ある種の徳政令《とくせいれい》であり、資本の再分配である。戦後の日本で行われた農地改革の規模で考えると想像しやすい。

実体経済と証券で流通している経済とは一万倍の差があるといわれている。これを実体経済に近づけるためにも、ジュビリーは必要なのだ。

全員が借金のない、不動産を持つ立場から再スタートする。そして未来をプランニングするための公的機関を設置する。きわめて民主的に、私たちの未来を私たちが考えるのだ。一部のエリートや王族が密室で決めていくのではなく、情報を公開する中で公明正大に考えていく。

未来を考えるとき、気になることがある。

南極だ。

二〇一五年九月、サウジアラビアのメッカにあるマスジド・ハラーム大聖堂（イスラム教における最重要な聖堂）の工事現場で、暴風によりクレーンが転倒して一〇七人の死者が出る大災害が起きた。この事故で、サウジアラビアがマスジド・ハラーム大聖堂のすぐそばに超高層ビル群を建設中で、初期イスラム教の遺跡を掘り起こしていることが世界に知れ渡った。

翌二〇一六年二月、ロシア海軍がサウジアラビアに立ち寄り、南極に向かったというニュースが流れた。その艦隊にはロシア正教会のキリル総主教が乗船しており、総主教として初めて南極を訪れた。

イスラム教には、大天使ガブリエルがモハメッドに託した「ガブリエルの聖櫃《せいひつ》（アーク）」という伝説がある。聖櫃は保管され、キリスト教の審判の日に相当する世界の終わりの日「キヤマハの日」に開かれるという。

メッカの建設現場で起きたクレーンの倒壊事故は嵐のためではなく、ガブリエルの聖櫃を掘り出したためではないか？　ガブリエルの聖櫃がロシア海軍によって南極に運ばれたのではないか？

ロシア正教会はガブリエルの聖櫃に関する古文書を保管しているとされており、古文書の指示に従い、ガブリエルの聖櫃は南極に運ばれたのではないか？

グーグルアースで南極を見ると、ピラミッドや巨大な洞窟など、奇妙な構造物が見つかっている。

氷床の下から古代都市の遺跡が見つかったという未確認情報もある。

南極に隠されてきた古代のテクノロジーが、今の閉塞した状況に風穴を開けるかもしれない。古代の情報も権力者によって封印されてきたからだ。

南極に何があるのか？　ニュースに注目である。

本書を手に取ってくれた読者と、闇の勢力の支配から解放された輝かしい「未来」を、ともに生きていけることを願っている。

ベンジャミン・フルフォード

元『フォーブス』アジア太平洋支局長
ベンジャミン・フルフォード
Benjamin Fulford

1961年カナダ・オタワ生まれ。1980年に来日。上智大学比較文化学科を経て、カナダのブリティッシュ・コロンビア大学を卒業。その後に再来日し、『日本経済新聞』記者、『サウスチャイナ・モーニング・ポスト』記者、米経済誌『フォーブス』アジア太平洋支局長などを歴任。現在はフリーランス・ジャーナリスト、ノンフィクション作家として活動。近年、日本に帰化している。

主な著作に、『ヤクザ・リセッション』『日本がアルゼンチン・タンゴを踊る日』(光文社)、『アメリカが隠し続ける金融危機の真実』『日本に仕掛けられた最後のバブル』(青春出版社)、『暴かれた9.11疑惑の真相』『ファイナル・ウォー』(扶桑社)、『人殺し医療』『99%の人類を奴隷にした「闇の支配者」最後の日々』(ベストセラーズ)、『逆襲のトランプと大激変するアメリカ』(メディアックス)、『新装版 闇の支配者に握り潰された世界を救う技術』『闇の支配者に握り潰された世界を救う技術〈現代編〉』『メルトダウンする世界経済』『マクドナルド化する世界経済』『闇の支配者たちの情報操作戦略 サイオプス』(イースト・プレス)など多数。

闇《やみ》の支配者《しはいしゃ》に握《にぎ》り潰《つぶ》された世界《せかい》を救《すく》う技術《ぎじゅつ》〈未来編《みらいへん》〉

2018年12月25日　第1刷発行

著者　ベンジャミン・フルフォード

編集　畑 祐介
発行人　北畠夏影
発行所　株式会社イースト・プレス
〒101-0051
東京都千代田区神田神保町2-4-7久月神田ビル
TEL:03-5213-4700　FAX:03-5213-4701
http://www.eastpress.co.jp
印刷所　中央精版印刷株式会社

ISBN978-4-7816-1468-7